Nathalie Klüver

Das Familienkochbuch für nicht perfekte Mütter

Über 80 Rezepte

TRIAS

Klüver

Das Familienkochbuch

für nicht perfekte Mütter

Nathalie Klüver, freiberufliche Journalistin für verschiedene Zeitschriften und Mutter von drei Kindern, berichtet in ihrem Mamablog (www.ganznormalemama.com) aus ihrem Familienalltag. Und zu dem gehört Kochen nun einfach mal dazu. Auch hier zieht ihr Lebensmotto, für das ihre Fans sie lieben: lieber fröhlich improvisiert als angestrengt perfekt – das gilt auch für die gesunde Familienküche. Denn entspannt und mit Humor geht alles leichter. Sie lebt mit ihren drei Kindern und ihrem Mann in Lübeck.

Willkommen in meiner gar nicht perfekten Familienküche!

Immer dieser Stress am Esstisch! Da gibt man sich richtig Mühe, kauft die besten Zutaten, steht ewig am Herd und am Ende stochert das eine Kind im Essen herum, während das andere nur Nudeln mit Butter mümmelt und die gute Stimmung von vornherein dahin ist. Ich kenne diese Situation selbst zur Genüge, denn meine drei Kinder haben alle unterschiedliche Vorlieben – und diese wechseln auch noch wöchentlich.

Aber muss das so sein? Eigentlich nicht! Denn seien wir mal ehrlich: Manche dieser Schwierigkeiten am Esstisch sind doch selbst gemacht und haben mit den hohen Ansprüchen zu tun, die wir uns selbst setzen – oder die wir glauben erfüllen zu müssen, weil andere ja so perfekt sind.

Ich möchte mit diesem Kochbuch ein wenig Entspannung an den Esstisch bringen und mit einigen Vorurteilen über gesundes Essen aufräumen. Denn gutes Essen muss nicht aufwendig und schon gar nicht teuer sein. Kochen kann Spaß machen und es geht schneller, als man denkt. Bloß kein Zucker? Warum? Es kommt auf die Menge und Häufigkeit an! Immer frisch kochen? Aufgewärmt kann sogar leckerer schmecken! Jede Zutat aufs Gramm genau abwiegen? Ach wo, auch mit Pi mal Daumen klappt es! All diese Vorurteile und noch mehr werde ich auf den folgenden Seiten ansprechen und entkräften. Für ein entspannteres Kochen und Essen mit der ganzen Familie.

Denn bei mir sollen Kochen und Backen vor allem eines sein: unkompliziert und lecker. In diesem Buch sind nicht nur die beliebtesten Rezepte aus meinem Blog ganznormale-mama.com vereint, sondern noch etliche Rezepte zusätzlich, die uns in unserer Familienküche begleiten und zu unseren Lieblingsgerichten zählen. Besonders mögen meine Blogleser meine Kuchenrezepte, für die ich mich in schwedischen Sommercafés habe inspirieren lassen. Nach jedem Schwedenurlaub bringe ich neue Ideen für Kuchen und einen Stapel schwedische Kochzeitschriften mit nach Hause.

Da ich aus eigener Erfahrung weiß, wie es ist, wenn die Kinder meckern, dass ihnen eine Zutat nicht passt (oder gleich mehrere), habe ich bei vielen Rezepten Variationsmöglichkeiten genannt, sodass man sie nicht nur ganz einfach an die Saison und den Inhalt des Kühlschranks anpassen kann, sondern auch an die Vorlieben der Familienmitglieder. So wie jeder seine Pizza so belegt, wie es ihm schmeckt, lässt sich auch eine Lasagne oder eine Gemüsequiche und sogar ein Focacciabrot in mehrere Felder einteilen. Und wer gerade keine Heidelbeeren im Haus hat, kann bei vielen Rezepten auch einfach Himbeeren oder Erdbeeren nehmen, genauso gut TK-Früchte. Beim Variieren sind auch euren eigenen Ideen keine Grenzen gesetzt!

Wie ich schon in meinem Buch »Die Kunst, keine perfekte Mutter zu sein« schreibe, brauchen Kinder keine perfekten, sondern vor allem echte Eltern. Und genauso wenig braucht die Familienküche perfekte Köchinnen, perfekt gedeckte Esstische und perfekte Essmanieren.

Ich wünsche viel Spaß beim Kochen, Ausprobieren und natürlich gemeinsamen Genießen.

Eure Nathalie

Übrigens …

Weil ich es bei den Mengenangaben nicht so genau nehme, findet ihr manchmal nur die Angabe »eine Tasse«. Damit meine ich eine große Tasse mit etwa 250 ml Fassungsvermögen. Die Angabe »eine kleine Tasse« entspricht etwa 125 ml.

ALLE ZUTATEN MÜSSEN FRISCH SEIN!

»Ich gehe jeden Tag einkaufen, denn frisches Obst und Gemüse sind einfach am besten und enthalten am meisten Nährstoffe.«

Stimmt nicht, tiefgekühlte Lebensmittel können besser sein und manchmal sogar Konserven!

Wenn man Obst und Gemüse lagert, dann verliert es Vitamine und Nährstoffe. Das ist ein Fakt. Bei Zimmertemperatur gelagertes Gemüse büßt beispielsweise 20 Prozent seines Vitamin-C-Gehalts pro Tag ein. Abgesehen davon, dass viele Obst- und Gemüsesorten frisch einfach besser schmecken. Aber trotzdem muss man nicht jeden Tag auf den Markt eilen, um sich mit möglichst frischen Zutaten einzudecken. Das ist zeitlich schlicht nicht immer möglich.

Bei den meisten Sorten kann man ohne schlechtes Gewissen auch zu Tiefkühlkost greifen, um Vorräte anzulegen. In vielen Fällen ist das tiefgekühlte Gemüse sogar gesünder, da es direkt nach dem Ernten eingefroren wird, während das Gemüse aus dem Supermarktregal schon einige Tage Lieferung hinter sich hat. Bei vielen Gemüsesorten hat das TK-Pendant in Sachen Vitamine und Nährstoffe sogar die Nase vorn. Es gibt also keinen Grund für ein schlechtes Gewissen, wenn ihr mal wieder aus Zeitgründen zu den TK-Erbsen greift.

Mutterzitat

»Zucchini gingen bei meinen Kindern nie, bis wir sie im Garten angepflanzt haben und sie beim Ernten helfen durften.«

Und was Dosengemüse betrifft: Die fertigen Tomaten für eine Tomatensauce zu nehmen ist nährstofftechnisch ebenfalls gar kein Problem – im Gegenteil. Diese Tomaten werden im perfekten Reifezustand geerntet, zu dem sie den höchsten Nährstoffgehalt haben. Auch bei roten Bohnen, Linsen oder Kichererbsen muss man sich keine Gedanken machen. Immer häufiger gibt es diese Produkte übrigens auch im Glas, was nicht nur aus Umweltgründen die bessere Variante ist: So geht man auch auf Nummer sicher, dass keine Inhaltsstoffe der von innen beschichteten Dose aufs Essen übergehen.

Die Maissuppe (Seite 42) geht zum Beispiel am besten mit TK-Mais oder Mais aus der Dose, TK-Gemüse ist toll für die Flädlesuppe (Seite 48) oder die Gemüsequiche (Seite 94), TK-Obst wie Mangos sind prima für das vegane Mango-Eis (Seite 106) und TK-Beeren passen immer dann, wenn die kurze Beerensaison vorbei ist.

Eine WARME Mahlzeit am Tag muss sein!

»Einmal am Tag brauchen Kinder ein warmes Essen! Sie müssen doch einmal täglich eine vernünftige Mahlzeit zu sich nehmen, am besten mittags, denn abends soll man ja nicht mehr so schwer essen.«

Stimmt nicht, die kalte Küche ist ebenso vollwertig!

Es gibt tatsächlich Lebensmittel, deren Nährstoffe vom Körper in gekochter Form besser aufgenommen werden können. Möhren zum Beispiel, deren Beta-Carotin zudem immer etwas Fett zur Aufnahme in den Körper benötigt. Auch Tomaten sind gekocht tatsächlich gesünder. Andere Lebensmittel sind roh gar giftig und ungenießbar: Kartoffeln etwa oder Bohnen. Aber: Es schadet nicht, wenn man einen Tag mal die Küche kalt lässt, weil man einfach nicht zum Kochen kommt. Oder wenn man aus den Nudeln oder Pellkartoffeln vom Vortag nur einen schnellen Salat zaubert und den als Hauptmahlzeit serviert.

Dass nur eine warme Mahlzeit auch eine vollwertige Mahlzeit ist, die satt macht, ist ein Mythos, der sich hartnäckig hält. Und wer – nur, um etwas Warmes zu essen – zu Currywurst mit Pommes greift, kann auch gleich auf die warme Mahlzeit verzichten. Für eine gesunde Ernährung spielen Energie- und Nährstoffbilanz eine Rolle – nicht, ob diese in Form roher oder gekochter Lebensmittel auf den Tisch kommen. Ausgewogenheit ist das Zauberwort.

Mutterzitat

»Im Kindergarten essen meine Kinder alles, zu Hause nichts. Also mache ich ihnen zu Hause auch einfach mal ein Brot.«

Weshalb wir also kein schlechtes Gewissen haben sollten, wenn es wegen Zeitmangel kein warmes Mittagessen gibt. Und ebenso wenig schadet es, wenn man zweimal am Tag warm ist. Dass man abends nicht mehr warm essen soll, ist nämlich auch so ein Mythos: Es geht um die Energiebilanz des Tages.

Gute, sättigende, schnell gemachte und vollwertige kalte Mahlzeiten in diesem Buch sind zum Beispiel Nudelsalate (italienisch (Seite 56), mit Joghurt (Seite 59) oder mit Ofengemüse (Seite 60)), die man hervorragend aus übrig gebliebenen Nudeln machen kann, der knusprig-fruchtige Brotsalat (Seite 58) oder der Kichererbsen-Avocado-Salat (Seite 70).

Schnelles Essen ohne Kochen

- Bunter Salat aus Mais, Kichererbsen und Kidneybohnen aus der Dose
- Hart gekochte Eier vom Vortag mit fertigem Pesto
- Knackwurst mit Kartoffelsalat
- Müsli mit Joghurt und frischem Obst
- Käsewürfel, fertige Minimozzarellas, Kirschtomaten, Oliven, Kichererbsen aus der Dose, Weintrauben und Brot zum Selbstbedienen (serviert in einem Muffinblech macht es auch optisch was her)
- Rohkoststicks mit fertigem Kräuterquark
- Wraps mit allem, was der Vorratsschrank hergibt, dazu Ketchup oder Frischkäse
- Hotdogs mit dänischen Gurken aus dem Glas und kalten Knackwürstchen
- Als schneller Nachtisch oder als Süßigkeit für den Nachmittag: Brötchen mit Schokokuss (darf auch mal sein!)
- Brot mit Avocado und Tomatenstückchen
- Kalte Gurkensuppe: Gurke mit Joghurt pürieren und mit Salz abschmecken.
- Bauernsalat mit Fladenbrot und fertigem Tzatziki aus dem Kühlregal

Selbst GEKOCHT ist TEUER!

»Die ganzen Zutaten und dann noch die Gewürze dazu, geht das nicht ganz schön ins Geld? Dann doch lieber zur fertigen Lasagne im Kühlregal greifen und sie in die Mikrowelle schieben. Da werden alle satt und günstig ist es auch! Ganz abgesehen davon, dass man doch auch noch die ganzen Küchengeräte kaufen muss.«

Stimmt nicht, selbst gekocht schont den Geldbeutel!

Wer ein leckeres und gesundes Essen kochen will, braucht keine Profikochausrüstung und auch keine teure Küchenmaschine, auch wenn die Werbung es einem vorgaukelt. Und wer frisch kochen möchte, benötigt ebenso wenig 50 verschiedene, ausgeklügelte Zutaten, die es nur im Feinkostgeschäft gibt. Gewürze und Öle kauft man sowieso am besten auf Vorrat, sie reichen für viele Mahlzeiten und der Preis pro Gericht fällt dann kaum noch ins Gewicht.

Frisches Obst und Gemüse sind günstiger, als man denkt. Natürlich sind exotische Gemüsesorten oder Erdbeeren im Winter teurer als die Fertigpizza – man sollte also nicht nur aus Klimaschutzgründen saisonal kaufen, sondern auch, um den Geldbeutel zu schonen. Wer dazu noch einen Wochenplan aufstellt, clever für mehrere Tage einkauft und den Vorrat mit Sonderangeboten auffüllt, kann eine Menge Geld sparen.

Mutterzitat

»Ich habe vier Kinder und alle haben andere Vorlieben. Gemeinsamer Nenner? Quasi Luft.«

Auch wenn der schnelle Griff zur Fertiglasagne verlockend ist: Wer sich für ein Fertiggericht entscheidet, der zahlt für die »Veredelung«, also Zubereitung und Würze, gleich mit. Das sollte man immer im Kopf haben, wenn man im Supermarkt vor den fertigen Gerichten steht. Das Paradebeispiel ist die fertige Tomatensauce: Eine Dose stückige Tomaten, eine Prise Kräuter, ein Schuss Olivenöl, vielleicht noch etwas klein geschnittene Zwiebel und gepresster Knoblauch kosten weniger als das fertig gewürzte Pendant aus dem Glas. Ähnlich könnt ihr eine Tomatensuppe (Seite 50) zubereiten. Selbst Lasagne (Seite 78) ist gar nicht so aufwendig und eine Bolognese (Seite 86) könnt ihr selber sogar vegetarisch zubereiten.

Selbst KOCHEN dauert viel zu LANGE!

»Nach einem stressigen Tag noch ewig in der Küche stehen, während mir die Kinder halb ausgehungert das Haus zerlegen? Dazu fehlen mir Zeit und Muße. Selber kochen dauert einfach zu lange.«

Stimmt nicht, vieles geht schneller, als man denkt!

Natürlich geht es schneller, die Folie von der Tiefkühlpizza zu reißen und sie in den Ofen zu schieben oder einfach ein Glas fertige Nudelsauce aufzuschrauben. Das lässt sich nicht leugnen. Ganz zu schweigen von fertigen Mikrowellengerichten, die innerhalb von wenigen Minuten auf dem Tisch stehen. Aber mal abgesehen vom besseren Geschmack, den selbst gekochtes Essen hat: Selber kochen ist nicht gleichzusetzen mit stundenlang am Herd stehen.

Niemand sagt, dass es jeden Tag ein Drei-Gang-Menü oder selbst legierte Saucen geben muss. Mit cleverer Planung und ein wenig Küchenroutine gelingen leckere Gerichte schon in zehn bis 15 Minuten. Mehr als 30 Minuten (und hier ist das Blubbern des Nudelwassers schon miteingerechnet) benötigt man für die wenigsten Alltagsgerichte. Wenn man die Kinder mithelfen oder den Tisch decken lässt, geht es nicht nur schneller, die Kinder sind auch noch beschäftigt. Ein paar Gurkenscheiben helfen gegen den schlimmsten Hunger und machen nicht zu satt fürs eigentliche Essen.

Mutterzitat

»Am meisten nervt mich, wenn sie schon meckern, bevor sie überhaupt am Tisch sitzen.«

Eine Kompromisslösung für Tage, an denen es wirklich schnell gehen muss, sind halbfertige Gerichte: der fertige Pizzateig zum Selbstbelegen, der keine zwei Stunden gehen muss, die vorgegarten Tortellini oder die fertigen Maultaschen, die man mit etwas Ei im Nu anbraten kann. Ihr solltet nur darauf achten, dass unter den Inhaltsstoffen der Fertiggerichte möglichst wenig Konservierungsstoffe sind, denn die müssen erstens nicht sein und tun uns zweitens nicht gut.

Suppen können auch besonders schnell gehen und mit einem Stück Brot dazu werden sie zur Hauptmahlzeit. Die schnellsten in diesem Buch sind das Chili sin Carne und sin Chili (Seite 51) und die Wunschkonzert-Suppe (Seite 45) mit nicht mehr als 15 Minuten. So lange braucht die Fertigpizza mindestens im Ofen!

Wenn es mal schnell gehen soll: 10-Minuten-Ruckzuck-Gerichte

- Rührei: Ein wenig Tomaten, Gurken und Paprika dazu, ab aufs Brot und fertig ist die vollständige Mahlzeit.
- Tomatensuppe: Einfach einen halben Liter passierte Tomaten aus der Flasche mit etwas Olivenöl und getrocknetem Oregano aufkochen, Brot oder Restereis vom Vortag dazu, fertig.
- Nudeln mit TK-Erbsen und Kirschtomaten: Nudeln mit TK-Erbsen kochen, halbierte Kirschtomaten und Olivenöl dazu, ab auf den Tisch.
- Pasta mit Spinatsauce: Pasta kochen, TK-Rahmspinat auftauen, unterheben und rauf auf die Teller.
- Schnelle Gemüsesuppe: TK-Suppengemüse mit Suppennudeln in Gemüsebrühe kochen.
- Strammer Max: Spiegelei auf Schwarzbrot. Gewürzgurke dazu.
- Armer Ritter mit fertiger Vanillesauce. Altes Brot in Ei wenden, kurz anbraten, lecker!
- Brokkolicremesuppe: TK-Brokkoli mit Gemüsebrühe aufkochen, etwas Sahne dazu und mit Brot servieren.
- Nudeln vom Vortag mit Ei und Tomatenwürfeln anbraten. Schmeckt auch mit Parmesan.
- Pasta Aglio Olio: Knoblauch und Chili fein hacken, kurz andünsten, frische, glatte Petersilie drüber, fertig.
- Pasta mit Pesto: Noch schneller fertig ist die Pasta mit Pesto aus dem Glas. Frische Vitamine bringen Kirschtomaten dazu.

Es MUSS ALLES BIO SEIN!

»Für Kinder sollte man nur Zutaten aus biologischem Anbau verwenden, denn die enthalten mehr Vitamine und sind nicht mit Pestiziden belastet.«

Stimmt nicht, nur bei manchen Lebensmitteln ist es wichtig!

Lebensmittel aus biologischem Anbau haben leider einen entscheidenden Nachteil: Sie sind teurer als Lebensmittel aus konventionellem Anbau. Komplett auf Bio umzustellen kann also ordentlich das Portemonnaie belasten.

Die gute Nachricht: Es muss nicht alles Bio sein. Bio-Lebensmittel enthalten nicht zwangsläufig mehr Vitamine und Nährstoffe, wie mehrere wissenschaftliche Studien ergeben haben. Ein wirklicher Unterschied besteht bei Milchprodukten, denn Kühe mit Weidehaltung geben Milch mit mehr Omega-3-Fettsäuren und Vitaminen. Und Fleischprodukte aus Bio-Haltung sind mit weniger Antibiotika belastet – ganz abgesehen davon, dass die Tierhaltung tierfreundlicher ist. Aus demselben Grund solltet ihr auch zu Bio-Eiern greifen.

Bleibt die Pestizidbelastung: Wie sich die langfristige Belastung durch Pestizide auf unsere Gesundheit auswirkt, ist immer noch nicht hinreichend erforscht. Je weniger Pestizide, desto besser. Doch: Nicht alle Obst- und Gemüsesorten sind gleich stark gespritzt und mit Pestiziden behandelt.

Mutterzitat

»Solange sie jeden Tag einen Apfel essen, rege ich mich nicht mehr auf.«

Bei welchen Lebensmitteln sollte man nun besonders auf Bio-Herkunft achten? Gerade bei stark gespritzten Obst- und Gemüsesorten sollte man auf Bioware zurückgreifen, dazu zählen beispielsweise Salat, Spinat, Tomaten, Paprika, Weintrauben, Birnen und Aprikosen. Deutsche Äpfel und Beeren hingegen sind auch im konventionellen Anbau nicht so stark gespritzt, sodass man hier beruhigt auch regionale Früchte aus konventionellen Anbau wählen kann. Bei Beeren oder Kirschen aus dem Ausland sollte man eher zu Bio greifen, da ausländische Ware häufig stärker pestizidbelastet ist. Was ich nicht schäle, kaufe ich auch lieber in Bio-Qualität, zum Beispiel Salatgurken und natürlich Zitrusfrüchte, wenn ich die Schale verwende. Bei Zwiebeln, Lauch oder Kartoffeln hingegen kann man ohne Probleme zu konventionellen Produkten greifen. In ein paar von meinen Rezepten empfehle ich die Bio-Version, wie zum Beispiel beim Hähnchen mit Orangensauce (Seite 96) oder beim Putengeschnetzelten mit weißen Bohnen (Seite 87).

Die beste Mischung ist, wenn man mal den Kostenfaktor außer Acht lässt: saisonal, regional und Bio.

So geht's gesund –
und entspannt –
in der Familie zu

Experten vom Deutschen Forschungsinstitut für Kinderernährung empfehlen die »opti-mierte Mischkost« für Kinder, die ebenso für Erwachsene gilt. Die Pyramide zeigt, welchen Anteil die einzelnen Lebensmittelgruppen etwa ausmachen sollten. Viel trinken steht da an erster, also unterster Stelle, an der Pyramidenbasis. Dass damit keine süßen Limos gemeint sind, ist klar. Wasser und ungesüßte Tees sind optimal. Schon bei der zweiten Stufe wird deutlich, wie schwierig das Unterfangen sein kann: Gemüse, Obst und Salat gehören bei den wenigsten Kindern zu den Hauptnahrungsmitteln. Viele Kinder würden am liebsten die Spitze der Pyramide mit den Süßigkeiten dort haben. Wissen wir alle und damit kämpfen wir Eltern auch immer wieder.

Spätestens hier wird klar, dass das eher Wunschvorstellungen sind, die man in der Familie nicht strikt umsetzen kann. Natürlich versuchen alle Eltern, sich diesem Ziel zu nähern, aber sie sollten sich auch nicht verkrampfen – wenn eure Kinder wochenlang nur Nudeln mit Tomatensauce essen, ist das auch okay (und immerhin gehören Tomaten eindeutig zum Gemüse!). Eine entspannte Einstellung bringt mehr als jedes Schimpfen und Zwingen, das ist nämlich eher kontraproduktiv. Nahrungsergänzungsmittel brauchen gesunde Kinder übrigens nicht! Das beste Mittel, um Kinder an eine abwechslungsreiche, gesunde Ernährung heranzuführen, ist: als gutes Beispiel vorangehen und möglichst oft möglichst Verschiedenes immer wieder anbieten.

KINDER BRAUCHEN JEDEN TAG FLEISCH, UM ZU WACHSEN!

»Kinder brauchen doch Eisen und Eiweiß, um zu wachsen. Am besten jeden Tag, damit sie mit allen Nährstoffen versorgt sind.«

Stimmt nicht, Fleisch muss auf keinen Fall täglich sein!

Keine Frage: Fleisch enthält viele Nährstoffe wie Eiweiß, Eisen, Zink und B-Vitamine. Besonders Eisen und Eiweiß aus Fleisch lassen sich vom Körper leichter aufnehmen als aus pflanzlicher Kost. Das bedeutet jedoch nicht, dass Kinder jeden Tag eine Portion Fleisch brauchen. Sie brauchen es genauso wenig wie wir Großen täglich – und genauso wie bei uns Erwachsenen sollte Fleisch lediglich eine Beilage und nicht die Hauptmahlzeit darstellen.

Die gängige Empfehlung lautet, dass Kinder nicht mehr als dreimal die Woche Fleisch essen sollten. Maximal 40 Gramm Fleisch pro Tag empfiehlt das Forschungsinstitut Kinderernährung Dortmund, auf drei Tage aufgeteilt entspricht das etwa 90 Gramm Fleisch pro Portion. Für Schulkinder sind es etwa zehn Gramm mehr. Dabei sollte auf Qualität geachtet werden: Verarbeitete Fleischwaren wie Wurst sollten eher vermieden werden, ein Stück mageres Hühnchenfleisch oder qualitativ gutes Hackfleisch sollten bevorzugt werden. Biofleisch ist weniger mit Antibiotika belastet. Optimalerweise kommt ein- bis zweimal die Woche Seefisch auf den Tisch, um die Kinder mit Omega-3-Fettsäuren und Jod zu versorgen. Hierbei gehen übrigens auch Fischstäbchen, wenn sie fettarm im Ofen zubereitet werden. Besser panierter Fisch als gar kein Fisch!

Mutterzitat

»Meine Tochter hat früher nur Pommes und Wurst gemocht – heute ist sie 20 und Vegetarierin.«

Natürlich können Kinder auch vegetarisch ernährt werden, wenn auf die richtige Versorgung mit Nährstoffen geachtet wird. Das erfordert jedoch so einiges an Geschick – und Kinder, die in Sachen Gemüseauswahl nicht allzu pingelig sind. Ich habe in diesem Buch ein paar Rezepte mit typischen Fleischgerichten aufgenommen, die aber ganz ohne Fleisch auskommen und trotzdem viel Eiweiß mitbringen, wie das das Chili sin Carne und sin Chili (Seite 51) und die vegetarische Bolognese (Seite 86).

Rezepte MÜSSEN GANZ GENAU BEFOLGT WERDEN!

»Kochen nach Rezept ist mir zu kompliziert. Die einzelnen Schritte, die genauen Grammangaben bei den Zutaten ... dafür fehlt mir nach einem anstrengenden Tag echt der Nerv. Da koche ich lieber das, was ich eh schon kann, oder schiebe eine Fertigpizza in den Ofen.«

Stimmt nicht, beim Kochen kommt es nicht aufs Gramm an!

Rezepte sind keine Aufbauanleitungen für Möbel! Sie müssen nicht sklavisch genau befolgt werden, weder was die Mengen, noch was die Zutaten betrifft. Natürlich ist die Gelinggarantie höher, wenn man sich an die Rezepte hält und bei einigen Dingen wie Kuchen kommt es tatsächlich auf die richtige Menge Mehl an – aber selbst bei Backrezepten muss man nicht grammgenau abwiegen. Die Skandinavier machen es uns vor, indem sie für Rezepte gar nicht erst Grammangaben benutzen, sondern die Mengeneinheit dl, also Deziliter. Bei den meisten

Backrezepten kann auch die Zuckermenge ohne Probleme reduziert werden, und hat man nur besonders große Eier im Kühlschrank, kann man getrost eins weglassen – oder nimmt halt etwas mehr Mehl.

Beim Kochen müssen die Mengenangaben erst recht nicht 100-prozentig befolgt werden. Schließlich hat nicht jeder Mensch gleich viel Hunger. Und nicht jeder mag 100 Gramm Zucchini und 100 Gramm Möhren in seiner Pastasauce, sondern vielleicht lieber 50 Gramm Zucchini und 150 Gramm Möhren oder von beidem gleich 200 Gramm. Rezepte sollen Inspirationen sein und Anregungen, die man variieren und an den persönlichen Geschmack anpassen kann. Hört sich ein Rezept für eine Reispfanne super an, bis auf den Brokkoli, dann kann man den Brokkoli auch einfach gegen ein Gemüse austauschen, das der ganzen Familie schmeckt.

Mutterzitat

»Wenn meine Kinder mit den Händen essen dürfen, dann essen sie fast alles!«

Wichtig ist lediglich, sich an die Reihenfolge der Zubereitung zu halten. Zuerst Zwiebeln dünsten und dann erst das übrige Gemüse dazugeben ist zum Beispiel sinnvoll, damit die Zwiebeln auch wirklich durchgegart sind und ihr Aroma sich besser auf das übrige Gemüse überträgt. Oder den schnell garenden Couscous erst dann zuzubereiten, wenn die übrigen Beilagen fast fertig sind, damit er nicht schon kalt ist, wenn er serviert wird.

Wie variabel man mit Rezepten umgehen kann, seht ihr zum Beispiel bei meinen Wuschkonzert-Rezepten (Suppe (Seite 45) und Nudelauflauf (Seite 82)), beim Salat mit von allem etwas (Seite 54) und den Bruscetta-Variationen (klassisch (Seite 66), mit Bohnen und Salbei (Seite 66), pikant (Seite 67), mit Artischocken (Seite 67), mit Gurken (Seite 68) oder süß (Seite 68)) zum Selbstbelegen.

Bloss NICHT zu VIEL Fett!

»Fett macht fett. Deshalb achte ich darauf, bloß nicht zu viel Fett beim Kochen zu benutzen, schließlich sollen meine Kinder kein Übergewicht bekommen.«

Stimmt nicht, bestimmte Fette sind wichtig und gesund!

Fett ist der kalorienreichste Nährstoff. Aber Fett liefert mehr als nur Kalorien. Ein Großteil der Fettsäuren wird nämlich nicht nur zur Energiegewinnung vom Körper verbrannt, sondern in unseren Körper eingebaut – so bestehen die Hüllen unserer Körperzellen selbst aus Fettsäuren. Fett ist also lebenswichtig.

Die Wahrheit ist: Es gibt gute und schlechte Fette. Besonders gut sind pflanzliche Öle, die ein ausgewogenes Verhältnis an Omega-3- und Omega-6-Fettsäuren haben. Empfehlenswert: Rapsöl oder Olivenöl. Besonders gut sind auch fettreiche

Lebensmittel wie Avocados oder Nüsse, die auch noch viele gesunde Ballaststoffe enthalten und so für eine gute Verdauung sorgen. Auch fettreicher Fisch ist gut – und gesünder als fettes Schweinefleisch.

Vorsicht ist bei fettreduzierten Diätlebensmitteln geboten: Da Fett auch ein Geschmacksträger ist, werden die fettreduzierten Lebensmittel oft mit einer größeren Menge an Zucker oder Süßungsmitteln angereichert. Was dann im Endeffekt die ungesündere Variante ist, denn Zucker ist für den Körper schädlicher als Fett.

Mutterzitat

»Ich habe mich immer gewundert, wieso meine Kinder abends keinen Hunger haben, und dann festgestellt, dass sie nachmittags zu viele Snacks essen.«

Ein besonders gesundes und sehr fetthaltiges Lebensmittel sind übrigens Nüsse, die viele wertvolle Omega-3-Fettsäuren, Ballaststoffe, Mineralien und Vitamine enthalten. Besonders gesund sind Mandeln und Walnüsse, von denen man ruhig zwischendrin eine Handvoll gegen den Hunger knabbern kann. Kinder natürlich erst, wenn sie alt genug sind und sich nicht mehr daran verschlucken können!

Ein leckeres Rezept mit Nüssen sind zum Beispiel die Müsliriegel mit knackigen Kernen (Seite 133). Rezepte mit Avocados sind Kichererbsen-Avocado-Salat (Seite 70), der Avocadodip (Seite 73), die Pastasauce mit Avocado und Limette (Seite 83) und sogar eine unfassbar tolle süße Mousse au Chocolat (Seite 113).

SUPERFOOD IST AM BESTEN!

»Chia, Quinoa, Acerola: Das soll ja alles so gesund sein. Leider ist es auch so teuer, aber ich kaufe es trotzdem – für meine Familie nur das Beste.«

Stimmt nicht, wir brauchen keine Superfoods!

Seit einigen Jahren geistert fast monatlich ein neues Superfood durch die Medien. Kein Müsli ohne Chiasamen-Topping, kein Smoothie ohne Acerola, und wer was auf sich hält, nimmt Quinoa statt Haferflocken. Superkräfte werden dem Superfood zugeschrieben, eines besser als das andere. Da es meistens exotische Zutaten sind, die in Übersee angebaut werden und durch den Hype noch mal teurer angeboten werden, muss man ganz schön tief in die Tasche greifen, wenn man sein Müsli mit Chia, Quinoa, Acerola und Co. verfeinern möchte.

Dabei sind diese Superfoods – mehrere Studien haben es bewiesen – nicht gesünder als heimische, altbekannte Lebensmittel. Abgesehen davon, dass die exotischen Zutaten oft auch noch pestizidbelastet sind und nicht unbedingt klimafreundlich angebaut und transportiert werden.

Die Tatsache ist: Um sich gesund zu ernähren, benötigen wir keine exotischen Superfoods. Leinsamen sind genauso ballaststoffreich und nährstoffreich wie Chiasamen, Quinoa ist nicht besser als Haferflocken und Heidelbeeren oder Himbeeren laufen Acerola und Co. den Rang ab, was Antioxidanzien und Vitamine betrifft. Wir müssen also nicht teuer einkaufen, um uns gesund zu ernähren, und kein schlechtes Gewissen haben, wenn uns Quinoa nicht schmeckt und wir unser Müsli lieber mit Haferflocken und Leinsamen essen.

Mutterzitat

»Mein Sohn wollte eine Zeit lang nur Nudeln ohne alles, die er dann auch bekommen hat. Nach zwei Monaten war ihm das dann doch zu langweilig und er freute sich sogar über Nudeln mit Brokkoli.«

Rezepte mit einheimischen »Superfoods« sind zum Beispiel die Müsliriegel mit knackigen Kernen (Seite 133) und viele Rezepte mit Beeren, wie zum Beispiel der Käsekuchen mit Heidelbeeren (Seite 128). Und auch in einer süßen Lasagne (Seite 115) entfalten sie ihre Superkräfte.

ES MUSS IMMER AUFGEGESSEN WERDEN!

»Der Teller muss leer gegessen werden. Schließlich wollen wir nichts wegwerfen und außerdem sind die Kinder sonst nicht satt und wollen gleich darauf wieder etwas essen.«

Stimmt nicht, Kinder wissen ganz gut, wie viel sie brauchen!

Die meisten von uns kennen es noch aus der eigenen Kindheit: »Iss den Teller leer, damit morgen die Sonne scheint.« Der Spruch hat viele von uns durchs Leben begleitet und nicht wenige erinnern sich noch daran, wie sie ewig vor dem halb vollen Teller saßen und sich die Kartoffeln hineinquälten. Schon mit Babys werden lustige Spiele veranstaltet, damit noch ein »Löffelchen für Oma und ein Löffelchen für Opa« gegessen wird.

Dabei muss der Teller nicht leer gegessen werden. Ein Baby muss auch nicht ein Breigläschen pro Mahlzeit vertilgen, nur um dann genug Kalorien aufzunehmen. Und das mit dem schönen Wetter haben wir ja schon als Kinder nicht geglaubt!

Schon Babys haben ein ausgeprägtes Gefühl für Selbstregulierung: Ein gestilltes Baby dockt von selbst von der Brust ab, wenn es genug ist. Ein gefüttertes Baby wendet den Kopf ab, wenn es keinen Brei mehr möchte. Ein Kleinkind möchte nichts mehr vom Teller essen, wenn es satt ist. Wir Menschen haben ein angeborenes Sättigungsgefühl, das durch den Zwang, immer den Teller leer zu essen, verloren geht. Das erhöht nachweislich das Risiko für Essstörungen und Übergewicht. Es ist übrigens auch völlig normal, nicht immer denselben Appetit und Hunger zu haben, das kennen wir ja selbst auch.

Daher: Seid entspannt, wenn eure Kinder mal nicht alles aufessen oder an einem Tag weniger Appetit haben als an einem anderen Tag. Es ist alles völlig normal. So bald wie möglich sollten Kinder auch lernen, sich selbst ihr Essen aufzufüllen. Sie haben oft ein gutes Gespür dafür, wie viel ihnen guttut. Und dieses Gespür sollten wir nicht durch unseren Übereifer zerstören.

Mutterzitat

»Als meine Kinder klein waren, waren sie alle schlechte Esser. Heute sind sie erwachsen und ernähren sich alle sehr gesund.«

Lasst eure Kinder also selbst bestimmen, wie viel sie essen möchten. Besonders macht das den Kindern Spaß, wenn sie ihre Portionen selber zusammenstellen, wie bei den Bruschetta-Variationen zum Selbstbelegen (klassisch (Seite 66), mit Bohnen und Salbei (Seite 66), pikant (Seite 67), mit Artischocken (Seite 67), mit Gurken (Seite 68) oder süß (Seite 68)) oder der Wunschkonzert-Suppe (Seite 45).

Portionsgrößen und Kinderhände

»5 Portionen Obst und Gemüse am Tag« heißt die Faustregel für gesundes Essen. Aber was ist eigentlich eine Portion? Dabei hilft die Handflächen-Regel – und zwar immer die Hand desjenigen, der es essen soll!

- 1 Portion grobstückiges Obst und Gemüse (zum Beispiel Apfel oder Möhre) entspricht einer Handvoll, also der Fläche einer Hand inklusive der Hälfte der Finger.
- 1 Portion Fleisch entspricht einem Handteller voll.
- 1 Portion Brot entspricht der Fläche einer Hand mit ausgestreckten Fingern.
- 1 Portion Kartoffeln, Nudeln oder kleinstückiges Obst (Heidelbeeren oder Erd-beeren) entspricht den beiden Handflächen, zusammen zu einer Schale geformt.
- 1 Glas Obstsaft (100 Prozent Fruchtgehalt) kann 1 Portion Obst ersetzen.
- 1 Handfläche voll Süßigkeiten am Tag darf es sein.

ZUM LÖFFELN:
SUPPEN UND
EINTÖPFE

Suppen gehen bei uns immer. Denn entweder sind sie püriert und das Gemüse ist damit geschickt versteckt oder aber ich variiere sie so, dass jeder das als Suppeneinlage bekommt, was er mag. Um jederzeit eine Suppe zu zaubern, habe ich immer kleine Suppennudeln, TK-Suppengemüse und Gemüsebrühe aus dem Glas im Haus. Das ergibt ein Notfall-essen, das in sieben Minuten auf dem Tisch steht, denn genauso lange brauchen die kleinen Nudeln. Obwohl sich Suppen natürlich auch als Vorspeise eignen, habe ich die Rezepte so angelegt, dass sie als Hauptmahlzeit satt machen, besonders wenn ihr noch noch ein Stück Brot dazu serviert. Denn ich weiß aus eigener Erfahrung, dass das mit den mehrgängigen Menüs mit Kindern nicht immer so ganz einfach ist.

◀ Minestrone – italienischer Gemüseeintopf (S. 40)

Minestrone – italienischer Gemüseeintopf

» Das Rezept dieser Minestrone habe ich von meinem Austauschsemester in Italien mitgebracht und wir lieben es alle. Am zweiten Tag schmeckt die Minestrone noch besser!

Für 2 Erwachsene und 2 Kinder
⊘ 20 Minuten plus 20 Minuten Kochzeit

- 1 große Zwiebel
- 3–4 Knoblauchzehen
- 2 größere Möhren
- 1 großer Fenchel (oder 4 Stangen Staudensellerie)
- 1 Lauchstange
- ½ Sellerieknolle
- 2 Handvoll weiteres Gemüse nach Wahl (z. B. Zucchini, Kohlrabi, TK-Erbsen, grüne Bohnen)
- 5 EL Olivenöl
- 2 EL Tomatenmark
- 2 l Gemüsebrühe
- 1 EL Oregano
- Salz
- Pfeffer
- 1 TL Zucker
- 2 Handvoll Nudeln
- 1 Dose stückige Tomaten
- 1 Dose dicke weiße Bohnen
- 1 Handvoll geriebener Parmesan
- frisches Basilikum

● Zwiebel schälen und würfeln, Knoblauch schälen und klein hacken. Gemüse waschen und in mundgerechte Scheiben oder Stückchen schneiden.

● Zwiebeln und Knoblauch im Olivenöl glasig dünsten und Gemüse hinzugeben. Einige Minuten gut andünsten, Tomatenmark unterrühren. Mit der Brühe ablöschen.

● Etwa 10 Minuten kochen, Oregano, Salz, Pfeffer und Zucker hinzugeben.

● Anschließend auch Nudeln, Tomaten und abgetropfte weiße Bohnen zugeben. Kochen, bis die Nudeln al dente sind. Mit geriebenem Parmesan und abgezupften Basilikumblättern servieren.

Tipp   Egal, für welches Gemüse ihr euch entscheidet – auf Fenchel bzw. Staudensellerie solltet ihr nicht verzichten. Eins von beiden gehört auf jeden Fall dazu!

Süßkartoffelsuppe

Blumenkohlsuppe

» Süßkartoffeln schmecken angenehm mild und sind schnell zubereitet, da man ihre Schale nur waschen, aber nicht schälen muss.

Für 2 Erwachsene und 2 Kinder
⊘ 15 Minuten plus 15 Minuten Kochzeit

2 große Süßkartoffeln • 1 kleine Kartoffel • 1 Möhre • 1 kleine Zwiebel • 1 Knoblauchzehe • 3–4 EL Olivenöl • Limettensaft • Salz • Pfeffer • evtl. gemahlener Kardamom • Kürbiskerne (oder Sonnenblumenkerne)

● Süßkartoffeln waschen und in Würfel schneiden. Kartoffel schälen und in kleine Würfel schneiden. Möhre schälen und in dünne Scheiben schneiden. Zwiebel und Knoblauch schälen und fein würfeln.

● Gemüse im Öl in einem großen Topf andünsten, mit 750 ml Wasser ablöschen und etwa 15 Minuten kochen lassen, bis das Gemüse weich ist. Pürieren, mit Limettensaft, Salz und Pfeffer und nach Wunsch mit Kardamom abschmecken. Vor dem Servieren mit den Kernen bestreuen.

» Blumenkohl am Stück kommt bei meinen Kindern überhaupt nicht an. Wenn ich ihn aber in der Suppe püriere, bleibt kein Tropfen in der Schüssel übrig!

Für 2 Erwachsene und 2 Kinder
⊘ 20 Minuten

1 Blumenkohl • 1 Zwiebel • 3 EL Rapsöl • 1,5 l Gemüsebrühe • 2–4 EL Crème fraîche • Zitronensaft • Salz • Pfeffer • Muskatnuss

● Blumenkohl in kleine Röschen zerteilen und waschen. Zwiebel schälen und fein würfeln. Beides in Öl in einem großen Topf anbraten, bis der Blumenkohl etwas angeröstet ist. Mit der Brühe ablöschen.

● Etwa 10 Minuten köcheln lassen, 1 Tasse Brühe abnehmen, den Rest pürieren. Dann nach und nach Brühe zugeben, bis die gewünschte Konsistenz erreicht ist.

● Crème fraîche unterrühren, mit Zitronensaft und Gewürzen abschmecken.

Das passt dazu   Baguette

Maissuppe

Rote-Bete-Suppe mit Apfel

》 Ich habe noch kein Kind getroffen, das keinen Mais mag! Diese Suppe ist schnell gemacht. Da Dosenmais oft gezuckert wird, empfehle ich TK-Mais.

Für 2 Erwachsene und 2 Kinder
⊘ 30 Minuten

2–3 Knoblauchzehen • 400–500 g Mais (2 Dosen oder 1 Pck. TK-Mais) • 3–4 EL Olivenöl • Salz • 1 TL Curry • 3 Tassen Gemüsebrühe • 100 g Sahne • Zucker • Limettensaft

● Knoblauch schälen und fein würfeln. Dosenmais waschen und abtropfen lassen.

● Den Knoblauch in einem großen Topf in dem Öl andünsten. Den Mais kurz mitdünsten und einige EL als Suppeneinlage beiseitestellen. Mit Salz und Curry würzen. Brühe und Sahne hinzugeben und 5–10 Minuten leicht köcheln lassen.

● Suppe fein pürieren. Mit Salz, Zucker und Limettensaft abschmecken und die Suppe mit dem zur Seite gestellten Mais als Einlage servieren.

》 Meine Kinder mögen Rote-Bete-Suppe vor allem wegen der Farbe. Damit der Geschmack etwas fruchtiger und süßer ist, gebe ich einen Apfel hinzu. Mit Roter Bete aus dem Vakuumpack ist diese Suppe im Nu auf dem Tisch!

Für 2 Erwachsene und 2 kleine Kinder
⊘ 10 Minuten plus 10 Minuten Kochzeit

1 Apfel • 1 kleine rote Zwiebel • 400 g Rote Bete (aus dem Vakuumpack) • 1 EL Oliven- oder Rapsöl • 750 ml Gemüsebrühe • 1–2 EL saure Sahne (oder Crème fraîche) • Salz • Pfeffer

● Den Apfel schälen, das Kerngehäuse entfernen und den Apfel in kleine Stücke schneiden. Die Zwiebel schälen und würfeln, Rote Bete ebenfalls würfeln.

● Zwiebel, Apfel und Rote Bete in einem großen Topf in dem Öl anbraten. Mit der Gemüsebrühe ablöschen und etwa 10 Minuten köcheln lassen.

● Suppe pürieren, saure Sahne unterrühren, mit Salz und Pfeffer abschmecken.

Kartoffelsuppe

>> Bei dieser Suppe haut meine ganze Familie ordentlich rein, sodass nichts mehr für den nächsten Tag übrig bleibt. Was eigentlich schade ist, da diese Suppe einen Tag später noch besser schmeckt!

Für 2 Erwachsene und 2 Kinder
⊘ 15 Minuten plus 20 Minuten Kochzeit

- 2–3 Handvoll Kartoffeln
- 1 Suppenbund
- 1 Zwiebel
- 3 EL Rapsöl
- 1–1,5 l Gemüsebrühe
- Gemüse nach Geschmack (z. B. Erbsen, Brokkoli, Pastinake, grüne Bohnen – kann alles auch TK sein)
- Salz
- Pfeffer
- evtl. Majoran oder Oregano
- 2–4 EL saure Sahne
- einige Stängel Petersilie

● Kartoffeln schälen, das Suppengemüse waschen und alles klein würfeln. Zwiebel schälen und fein hacken.

● Kartoffeln und Gemüse mit den Zwiebeln unter Rühren in einem großen Topf in dem Öl anbraten und einige Minuten weiterdünsten.

● Mit Gemüsebrühe ablöschen. Etwa 15 Minuten köcheln lassen. Gemüse nach Wahl (frisches Gemüse vorher waschen, putzen und klein schneiden, TK-Gemüse kann gefroren dazu) dazugeben und 5–10 Minuten mitkochen.

● Mit einer Schöpfkelle einen Teil des Gemüses und der Kartoffeln und etwa 500 ml Flüssigkeit herausheben und in einen Extratopf füllen. Restliches Gemüse mit der Brühe fein pürieren. Beiseitegestelltes Gemüse als Einlage hinzugeben und so viel Gemüsebrühe auffüllen, bis die gewünschte Konsistenz erreicht ist.

● Salzen, pfeffern und Gewürze nach Wunsch hinzugeben. Saure Sahne unterrühren und mit etwas gehackter Petersilie bestreut servieren.

Wunschkonzert-Suppe

>> Bei dieser Suppe kann keiner meckern! Sie ist wie ein Raclette in Suppenform und ohne Käse. Man kann ganz kreativ Essensreste vom Vortag verwenden!

Für 2 Erwachsene und 2 Kinder
⊘ 15 Minuten

1,5–2 l Gemüsebrühe • 2 Tassen Suppennudeln • Salz • Pfeffer • Einlage nach Wahl (siehe Tipp) • Kräuter nach Wahl • evtl. geriebener Parmesan

● Gemüsebrühe aufkochen und die Suppennudeln nach Packungsanweisung mitkochen lassen, salzen und pfeffern. Die Zutaten nach Wahl in kleinen Schüsseln auf den Tisch stellen.

● Jeder füllt sich Suppe in seinen Teller und bedient sich nach Lust und Laune.

Tipp   Die Auswahl für die Einlagen ist groß: gegarte Gemüsereste, Mais, Kichererbsen oder rote Bohnen aus der Dose, fein gewürfelte Tomaten, fein geschnittene Pfannkuchenreste, geröstete Brotwürfel etc.

Pastinaken-Sellerie-Suppe mit Buttermilch

>> Eine ähnliche Suppe aß ich einmal in einem Hotel in Österreich. Eigentlich hatte ich sie mir als Vorspeise bestellt und war überrascht, als mir meine Kinder den Teller leer aßen!

Für 4 große Suppenteller
⊘ 15 Minuten plus 15 Minuten Kochzeit

2 große Pastinaken • 1 kleiner Knollensellerie • 1 Schalotte (oder 1 kleine weiße Zwiebel) • 1 EL Rapsöl • 1–1,5 l Gemüsebrühe • Salz • Pfeffer • 100–200 ml Buttermilch (nach Geschmack) • Zucker

● Pastinaken, Knollensellerie und Schalotte schälen und würfeln. In einem großen Topf in Rapsöl einige Minuten andünsten. Mit 1 l Gemüsebrühe ablöschen. Aufkochen lassen und bei mittlerer Hitze köcheln lassen, bis das Gemüse weich ist. Salzen und pfeffern.

● Die Suppe fein pürieren. Vor dem Servieren mit Buttermilch und mit Zucker abschmecken.

Das passt dazu   Baguette

Linsensuppe mit Curry und Kokos

>> Ein veganer Eintopf, der dank der Linsen richtig schön satt macht. Wenn man ihn mit roten oder braunen Linsen aus der Dose zubereitet, verringert sich die Kochzeit auf 15–20 Minuten.

Für 2 Erwachsene und 2 Kinder
⊘ 10 Minuten plus 40 Minuten Kochzeit

- 1 Tasse braune Linsen (oder braune vorgegarte Linsen aus der Dose)
- 1 große Möhre
- 1 Zwiebel
- 1 cm Ingwer
- 1 Knoblauchzehe
- 3 EL Raps- oder Kokosöl
- 1 Tasse rote Linsen
- 1–2 TL Curry
- 1–1,5 l Gemüsebrühe
- 1 Dose stückige Tomaten
- ½–1 Dose Kokosmilch
- gemahlenes Zitronengras

● Braune Linsen waschen und mit der dreifachen Wassermenge etwa 30 Minuten kochen. Nimmt man Linsen aus der Dose, spart man diesen Schritt.

● In der Zwischenzeit Möhre und Zwiebel schälen und würfeln. Ingwer und Knoblauch schälen, fein hacken und zusammen mit dem Gemüse in einem großen Topf in dem Öl andünsten. Dann rote Linsen und Curry hinzugeben. Wenn braune Linsen aus der Dose verwendet werden, diese jetzt ebenfalls zugeben. Alles einige Minuten weiterdünsten.

● Mit etwa 1 l Gemüsebrühe ablöschen und köcheln lassen. Frisch gekochte braune Linsen dazugeben. Etwa 15 Minuten köcheln lassen, bis die roten Linsen ebenfalls weich sind. Die Tomaten hinzugeben, noch einmal aufkochen lassen.

● Mit Kokosmilch und Zitronengras abschmecken, eventuell noch mit etwas mehr Curry nachwürzen.

Tipp Nach Wunsch mit einem Spritzer Limettensaft und frischem Koriander servieren.

Flädlesuppe mit Einlagevariation

>> Diese Flädlesuppe eignet sich super, um übrig gebliebene Pfannkuchen vom Vortag aufzubrauchen. Als Einlage kommt alles infrage, was das Gemüsefach gerade hergibt.

Für 2 Erwachsene und 2 Kinder
⊘ 15–20 Minuten

2–3 Pfannkuchen (am besten ungesüßte, gerne vom Vortag) • 2–3 Handvoll Gemüse nach Wahl • 1 l Gemüsebrühe • Salz • Pfeffer • Petersilie • Schnittlauch

● Die Pfannkuchen (Seite 98) in dünne Streifen (Flädle) schneiden. Frisches Gemüse putzen, klein schneiden und in der Gemüsebrühe bissfest kochen. Die Flädle hinzugeben und die Suppe nicht mehr kochen, nur erwärmen.

● Suppe salzen und pfeffern. Petersilie hacken, Schnittlauch in Röllchen schneiden. Die Suppe vor dem Servieren damit bestreuen.

Tipp   Als Gemüse könnt ihr wählen, was ihr mögt, beispielsweise TK-Erbsen, Möhren, Brokkoli, Kohlrabi oder Sellerie.

Fruchtige Möhrensuppe

>> Möhren in Stücken werden von meinen Kindern gnadenlos aussortiert. Aber wenn sie püriert sind, bleibt für mich kaum noch etwas davon übrig.

Für 2 Erwachsene und 2 Kinder
⊘ 25 Minuten

5–6 große Möhren • 1 kleine Zwiebel • 2 EL Rapsöl • 4 Gläser Gemüsebrühe • Saft von ½ Orange (oder ½ Glas fertiger reiner O-Saft ohne Zucker) • Salz • Pfeffer • evtl. Zucker

● Möhren und Zwiebel schälen und in kleine Würfel schneiden. Im Öl andünsten und mit der Brühe ablöschen.

● Köcheln lassen, bis die Möhren weich sind. Pürieren und mit Orangensaft abschmecken. Mit Salz, Pfeffer und eventuell etwas Zucker abschmecken.

Variante   Wer mag, gibt mit 1 fingernagelgroßen Stück Ingwer noch ein wenig Schärfe in die Suppe. Einfach schälen, sehr klein schneiden und mit Möhren und Zwiebeln mitdünsten.

fruchtige Möhrensuppe

Türkische Linsensuppe

>> Diese Linsensuppe wird mit roten Linsen gekocht und ist damit ruck, zuck auf dem Tisch. Sie macht richtig schön satt.

Für 2 Erwachsene und 2 Kinder
⊘ 20 Minuten

1 Zwiebel • 2–3 Knoblauchzehen • 1 große Möhre • 3 EL Olivenöl • 1 Tasse rote Linsen • 2 EL Tomatenmark • gemahlener Kreuzkümmel • 1 l Gemüsebrühe • Salz • Pfeffer • Zitronensaft • Minze (oder glatte Petersilie)

● Zwiebel und Knoblauch schälen und fein hacken. Möhre schälen und in kleine Würfel schneiden. Alles zusammen in einem großen Topf im Olivenöl andünsten.

● Linsen dazugeben. Nach einigen Minuten das Tomatenmark und den Kreuzkümmel unterrühren und kurz mitrösten. Mit Gemüsebrühe ablöschen und 10–15 Minuten köcheln lassen, bis die Linsen weich sind.

● Pürieren und mit Salz, Pfeffer und Zitronensaft abschmecken. Zum Servieren mit Minze oder Petersilie bestreuen.

Tomatensuppe mit Hackbällchen und Mais

>> Tomatensuppe ist bei uns der Retter in der Not, wenn sonst gar nichts im Haus ist.

Für 2 Erwachsene und 2 Kinder
⊘ 30 Minuten

250 g Hackfleisch • 1 EL Semmelbrösel • 1 Ei • Salz • Pfeffer • 1 EL Butterschmalz (oder Bratöl) • 1 Dose Mais

2 Dosen passierte Tomaten (oder eine 500-ml-Flasche) • 1 Glas Gemüsebrühe • getrocknete italienische Kräuter • 1 Prise Zucker

● Für die Hackbällchen das Hackfleisch mit den Semmelbröseln und dem Ei verkneten, salzen, pfeffern und Bällchen formen. In einer Pfanne in Butterschmalz oder Bratöl anbraten.

● Passierte Tomaten mit der Gemüsebrühe aufkochen, mit Kräutern und Zucker würzen. Kurz köcheln lassen.

● Mais abtropfen lassen und mit den Hackbällchen in der Suppe erwärmen. Salzen und pfeffern.

Chili sin Carne und sin Chili

>> Ein typisches Chili con Carne ist für Kinder meistens zu pikant. Dieses ratzfatz gekoch- te vegetarische Chili kommt mild daher und schmeckt besonders lecker mit Baguette.

Für 2 Erwachsene und 2 Kinder
⊘ 5 Minuten plus 10 Minuten Kochzeit

- 1 Zwiebel
- 2–3 Knoblauchzehen
- 1 rote Paprikaschote
- 3 EL Raps- oder Olivenöl
- 3–4 EL Tomatenmark

- 1–2 Gläser Gemüsebrühe
- 1 Dose stückige Tomaten
- 1 Dose rote Bohnen
- 1 Dose Mais
- Salz

- Pfeffer
- Cayennepfeffer (oder Chilipulver) nach Geschmack

● Zwiebel schälen und würfeln, Knoblauch schälen und fein hacken. Paprika waschen, Samen entfernen und würfeln. Zwiebel, Knoblauch und Paprika zusammen in einem großen Topf in dem Öl andünsten, bis die Zwiebel glasig ist.

● Tomatenmark hinzugeben und kurz mitrösten. Mit Gemüsebrühe (Menge je nach gewünschter Konsistenz variieren) und Tomaten aus der Dose ablöschen. Aufkochen lassen.

● Bohnen und Mais in einem Sieb waschen und abtropfen lassen, kurz im Chili miterhitzen.

● Salzen, pfeffern, je nach Geschmack mit Cayennepfeffer abschmecken.

Das passt dazu   Baguette

Variante   Wer's lieber pikant mag, streut vor dem Servieren einfach noch Cayennepfeffer oder Chilipulver über seine Portion.

Ich bin ein absoluter Grünzeugfan! Bei mir gibt es jeden Tag Salat, entweder als Beilage oder als Hauptmahlzeit. Buffets und Grillen liebe ich übrigens eigentlich auch nur wegen der Salate – je größer die Vielfalt, desto besser! Das Schöne: Man kann Salate so variieren, dass für jeden am Tisch etwas dabei ist. Für mich gibt es dann Feldsalat und für die Kinder einen schnellen Gurkensalat – so hat jeder seine Gemüseportion.

◁ Feldsalat mit Granatapfel und Senfdressig (S. 63)

Bunter Salat mit von allem etwas

» Eine schnelle Beilage, in die man geben kann, was der Vorrat hergibt. Wenn man von allem etwas mehr nimmt, schmeckt der Salat auch als Hauptmahlzeit mit Brot.

Für 2 Erwachsene und 2 Kinder
⊘ 10 Minuten

1 Dose Mais • 1 Dose rote Bohnen • ½ Bio-Salatgurke • 1 Tomate • Gemüse nach Wahl • 2–3 EL Rapsöl • 2 EL Weißweinessig (oder weißer Balsamicoessig) • 1 EL milder Senf • 1 TL Zucker • Salz • Pfeffer

● Mais und Bohnen waschen und abtropfen lassen. Gurke und Tomate waschen und würfeln. Übriges Gemüse nach Wahl waschen, schälen und würfeln.

● Öl, Essig, Senf und Zucker mit etwas Salz und Pfeffer zu einem Dressing verrühren und übers Gemüse geben.

Tipp   Welches Gemüse sich eignet? Ich mag zum Beispiel 1 Handvoll Radieschen, 1 rote Zwiebel und/oder etwas rote Paprika. Der Salat schmeckt übrigens auch noch am nächsten Tag!

Wassermelonen-Feta-Salat

» Ein erfrischender Sommersalat, der schnell gemacht ist und auch Kindern schmeckt!

Als Beilage für 2 Erwachsene und 2 Kinder
⊘ 10 Minuten

½ Wassermelone • 1 rote Zwiebel • 1 Pck. Feta • 3–4 EL Olivenöl • Salz • Pfeffer • einige Stängel frische Minze

● Wassermelone schälen und in mundgerechte Stücke schneiden. Zwiebel schälen und fein würfeln. Feta in mundgerechte Stücke schneiden. Alles mit Olivenöl vermischen, salzen und pfeffern.

● Minze in feine Streifen schneiden und unterrühren.

Variante   Vielleicht lasst ihr für eure Kinder die rote Zwiebel einfach weg, denn gerade kleinere Kinder mögen sie noch nicht so gerne. Ich finde aber, sie gibt den gewissen Pfiff!

Wassermelonen-Feta-Salat

Italienischer Nudelsalat mit Balsamico

》 Dieser schnelle Nudelsalat kommt ohne Mayo aus und schmeckt deshalb herrlich leicht. Es ist toll als Beilage zum Grillen oder aber als Hauptmahlzeit.

Für 2 Erwachsene und 2 Kinder
⊙ 15 Minuten plus 10 Minuten Kochzeit

- Nudeln für 4 Personen (4 Handvoll)
- Salz
- 3–4 EL Olivenöl
- 3–4 EL Balsamicoessig
- 1 Spritzer Agavendicksaft (oder 1 EL Zucker)
- 1 Knoblauchzehe
- 2 Handvoll Kirschtomaten (oder getrocknete Tomaten)
- 1 Handvoll schwarze Oliven
- 1 Mozzarella
- 2 Handvoll Rucola (oder mehrere Stängel Basilikum)
- Pfeffer
- evtl. grob geriebener Parmesan

● Nudeln nach Packungsanweisung in Salzwasser kochen, abgießen und abkühlen lassen.

● In der Zwischenzeit Olivenöl, Balsamico und Agavendicksaft zu einem Dressing verrühren. Knoblauch schälen, fein hacken und zum Dressing geben.

● Kirschtomaten waschen und halbieren bzw. getrocknete Tomaten in Streifen schneiden. Oliven abtropfen lassen und halbieren. Rucola waschen und mundgerecht zerteilen. Mozzarella würfeln.

● Alle Zutaten mit dem Dressing vermengen und die abgekühlten Nudeln hinzugeben. Salzen, pfeffern und nach Wunsch mit Parmesan bestreuen. Je nachdem, wie schnell der Salat serviert wird, müssen eventuell noch etwas Balsamico und Öl vor dem Servieren untergerührt werden.

Variante Man kann den Salat ganz einfach zum Nudelsalat auf Nizza-Art umwandeln: statt Rucola grüne Bohnen unterheben, den Mozzarella durch Thunfisch ersetzen und gekochtes Ei und Gurke hinzugeben.

Schneller Gurkensalat

>> Dieser Gurkensalat ist eine schnelle Beilage und schmeckt besonders gut, wenn er eine Weile durchzieht. Meine Kinder lieben es, wenn sie der Küchenmaschine beim Gurkenhobeln zuschauen können, aber natürlich geht das auch von Hand.

Als Beilage für 2 Erwachsene und 2 Kinder
⊘ 10 Minuten

4 EL Rapsöl • 3 EL Kräuteressig • 1 Spritzer Agavendicksaft (oder 1 EL Zucker) • 1 Bio-Salatgurke • Salz • Pfeffer

● Öl, Essig und Agavendicksaft glattrühren. Gurke waschen und in dünne Scheiben hobeln. Mit dem Dressing vermischen. Salzen, pfeffern und 30 Minuten durchziehen lassen.

Variante Für uns Große gibt es reichlich Dill (TK geht auch) und gehackte Zwiebeln dazu.

Knusprig-fruchtiger Brotsalat

>> Dieser Brotsalat eignet sich hervorragend, um trockenes weißes Brot vom Vortrag aufzubrauchen.

Als Beilage für 2 Erwachsene und 2 Kinder
⊘ 10 Minuten

3–4 große Tomaten • 1 große rote Zwiebel je nach Geschmack • 2 EL weißer Balsamicoessig (oder Weißweinessig) • 2 EL Olivenöl plus etwas zum Rösten des Brots • Zucker (oder Agavendicksaft) • Zitronensaft • Salz • Pfeffer • 2 Handvoll weißes Brot • einige Blätter glatte Petersilie

● Tomaten waschen und würfeln, Zwiebel schälen und würfeln. Essig und 2 EL Öl mit etwas Zucker zu einem Dressing verrühren. Mit Zitronensaft, Salz und Pfeffer abschmecken. Alles zu einem Salat vermengen.

● Brot in 1 cm große Würfel schneiden und mit einem Schuss Olivenöl in der Pfanne knusprig rösten. Direkt vor dem Servieren unter den Salat mischen und mit etwas gehackter Petersilie servieren.

Nudelsalat mit Joghurt

>> Dieses Rezept meiner Mutter hat mich schon in meiner Kindheit begleitet. Dadurch, dass die Mayo teilweise durch Joghurt ersetzt wird, liegt der Salat nicht so schwer im Magen. Er lässt sich auch sehr gut einen Tag im Kühlschrank aufbewahren.

Für 2 Erwachsene und 2 Kinder
⊘ 15 Minuten plus 10 Minuten Kochzeit und 30–60 Minuten Ziehzeit

- Nudeln für 4 Personen (4 Handvoll)
- Salz
- 2–3 Eier
- 5 EL Salatmayonnaise
- 1 Becher cremiger Joghurt
- 1 kleines Glas Cornichons
- 1 kleine Dose unge- zuckerte Mandarinen
- 1 kleiner Apfel
- Pfeffer
- 1 kleine Dose Erbsen (oder Kichererbsen)
- 1 kleine Dose Mais (oder rote Bohnen)
- 1 Handvoll gewürfeltes Gemüse (z. B. Radies- chen, Paprika)
- etwas Petersilie

● Nudeln nach Packungsanweisung in Salzwasser kochen und abkühlen lassen. Die Eier hart kochen, pellen und vierteln.

● Mayonnaise mit Joghurt glatt rühren und etwas Flüssigkeit aus dem Gurkenglas unterrühren, bis das Dressing die ge- wünschte Säure hat. Mandarinen ab- tropfen lassen, etwas Saft auffangen und 2–3 EL unterrühren. Salzen und pfeffern.

● Cornichons klein würfeln. Den Apfel schälen, das Kerngehäuse entfernen und den Apfel würfeln. Erbsen und Mais ab- tropfen lassen. Apfelwürfel, Gemüse und Nudeln mit dem Dressing vermischen. Ziehen lassen, dabei ab und zu umrühren. Eier und etwas Petersilie drauflegen.

Variante   Das Dosengemüse könnt ihr va- riieren und z. B. statt Erbsen Kichererbsen und statt Mais rote Bohnen nehmen.

Nudelsalat mit Ofengemüse

» Bei diesem Nudelsalat erledigt der Ofen die Hauptarbeit. Der Salat schmeckt als Beilage zum Grillen, zum Buffet oder auch als Hauptgericht.

Für 2 Erwachsene und 2 Kinder
⊘ 15 Minuten plus 30 Minuten Backzeit

- Pasta für 4 Personen (4 Handvoll oder Nudelreste vom Vortag)
- Salz
- 1 Zwiebel
- 2–3 Knoblauchzehen
- 4–5 große Handvoll Gemüse der Saison
- 1 Schuss Olivenöl
- getrockneter Oregano
- 2 Handvoll Kirschtomaten
- 1 Feta (oder Mozzarella)
- 3–4 EL Balsamicoessig
- 3 EL Olivenöl
- Zucker
- 1 Handvoll Babyspinat (oder Basilikumblätter)
- Pfeffer

● Nudeln nach Packungsanweisung in Salzwasser kochen und abkühlen lassen.

● Zwiebel und Knoblauch schälen und fein würfeln. Gemüse putzen, waschen und in mundgerechte Stücke schneiden. Alles auf ein Backblech oder in eine flache Ofenform geben, einen guten Schuss Olivenöl darübergeben und Oregano darüberstreuen. Bei 200 °C Ober-/Unterhitze 15–20 Minuten backen.

● In der Zwischenzeit Kirschtomaten waschen und halbieren. Feta würfeln. Beides zum Gemüse in den Ofen geben und weitere 5–10 Minuten backen, bis das Gemüse bissfest ist.

● Babyspinat waschen und abtropfen lassen. Essig, Öl und etwas Zucker zu einem Dressing verrühren. Ofengemüse mit der Pasta und dem Dressing vermengen. Babyspinat unterheben. Mit Salz und Pfeffer abschmecken.

Tipp   Das Gemüse könnt ihr je nach Saison variieren. Hier ein paar Vorschläge: Fenchel, Staudensellerie, rote Paprika, Knollensellerie, Zucchini, Möhren, Champignons oder Auberginen.

Salat Caprese mit Pflaume und Mozzarella

》 Den Klassiker Tomate/Mozzarella kennt wohl jeder. Aber da meine Kinder Tomaten nur in Saucenform mögen, habe ich den Klassiker mit frischen Pflaumen abgewandelt. Passt verblüffend gut zusammen und schmeckt dank der süßen Pflaumen auch Kindern.

Als Vorspeise oder Beilage für
2 Erwachsene und 2 Kinder
⊘ 10 Minuten

4 Pflaumen • 1 Kugel Mozzarella • 1 EL Olivenöl • 4 EL Balsamicoessig • 1 EL flüssiger Honig • einige Stängel frisches Basilikum

● Pflaumen waschen, halbieren, entsteinen und die Hälften in Scheiben schneiden. Mozzarella abtropfen lassen und ebenfalls in feine Scheiben schneiden. Abwechselnd Pflaumen und Mozzarella überlappend auf den Servierteller legen.

● Öl, Balsamico und Honig zu einem Dressing verrühren. Über Pflaumen und Mozzarella verteilen, mit abgezupften Basilikumblättern garnieren.

Chicorée-Orangen-Salat

》 Chicorée ist noch so ein Salat, der auch im Winter knackige Frische auf den Teller bringt. Wenn man darauf achtet, dass die Blätter nicht grün sind, schmeckt er auch nicht bitter. Zusammen mit Orangen ergibt er eine erfrischende Beilage.

Als Beilage für 2 Erwachsene und 2 Kinder
⊘ 10 Minuten

2 Chicorée • 2 Orangen • 2 EL Olivenöl • 1 TL weißer Balsamicoessig • Salz • Pfeffer

● Chicorée waschen und in Streifen schneiden. Eine Orange schälen und in kleine Stücke schneiden. Mit dem Chicorée vermischen.

● Die andere Orange auspressen, den Saft mit Olivenöl und weißem Balsamicoessig vermischen. Etwas salzen. Mit frisch gemahlenem schwarzem Pfeffer bestreut servieren.

Feldsalat mit Granatapfel und Senfdressing

≫ Feldsalat kommt dann frisch vom Feld, wenn ansonsten wenig wächst in unseren Breitengraden. Granatapfelkerne verleihen diesem Rezept das gewisse Extra und passen perfekt zum Senfdressing.

Als Beilage für 2 Erwachsene und 2 Kinder
⊘ 10 Minuten

- 4 große Handvoll Feldsalat
- 1 Handvoll Walnusskerne
- 1 Granatapfel

- 2–3 EL Olivenöl
- 1 EL Balsamicoessig
- Agavendicksaft (oder Honig bzw. Zucker)

- 1–2 EL Senf
- Salz
- Pfeffer

● Den Feldsalat sorgfältig waschen und abtropfen lassen oder trocken schleudern. Walnüsse klein hacken. Granatapfel halbieren und die Kerne herauslösen. Alles miteinander mischen.

● Olivenöl, Essig, Senf und Agavendicksaft miteinander zu einem sämigen Dressing verrühren. Mit Salz und Pfeffer abschmecken.

● Dressing und Salat erst direkt vor dem Servieren miteinander vermischen, da Feldsalat schnell zusammenfällt.

Tipp   Die Senfsorte könnt ihr nach Geschmack wählen. Süße Sorten passen am besten.

Taboulé-Salat

Orientalischer Joghurt-Dip

›› Was ich an Couscous oder Bulgur besonders mag: Es ist herrlich schnell gegart!

Als Hauptgericht für 2 Erwachsene und 2 Kinder
⊘ 15 Minuten

2 Tassen Couscous (oder Bulgur) • 1–2 Knoblauchzehen • 1 rote Zwiebel • 1 Bio-Salatgurke • 2–3 große Tomaten • 1 Bund glatte Petersilie • 3–4 EL Olivenöl • Saft von 1 Zitrone • Salz • Pfeffer

● Couscous oder Bulgur nach Packungsanweisung kochen und abkühlen lassen.

● Knoblauch und Zwiebel schälen und fein würfeln. Gurke längs halbieren, die Kerne mit einem Löffel herauskratzen und das Fruchtfleisch in ganz kleine Würfel schneiden. Tomaten waschen und ebenfalls in kleine Stücke schneiden. Petersilie hacken. Mit Gemüse und Couscous vermischen. Olivenöl und Zitronensaft untermischen, mit Salz und Pfeffer abschmecken.

Das passt dazu   orientalischer Joghurtdip und Falafel

›› Schnell angerührt!

Als Beilage zum Dippen
⊘ 5 Minuten

1 Becher cremiger Naturjoghurt • Zitronensaft • Salz • Pfeffer • Harissa • gemahlener Kreuzkümmel

● Joghurt mit Zitronensaft verrühren und mit Salz, Pfeffer, Harissa und Kreuzkümmel abschmecken.

Das passt dazu   Lecker zu Fladenbrot, Falafel oder Taboulé!

Klassische Bruschetta

>> Den Klassiker kennt wohl jeder.

Für etwa 5 belegte Ciabattascheiben
🕐 10 Minuten

2 Tomaten • 1 rote Zwiebel • 1 EL Olivenöl • Pfeffer • Salz • einige Stängel glatte Petersilie • 5 Ciabattascheiben

● Tomate und Zwiebel fein würfeln und mit Olivenöl vermischen. Pfeffern, salzen und gehackte Petersilie darunterrühren.

● Die Ciabattascheiben rösten und den Belag darauf verteilen.

Tipp   Wer sagt denn eigentlich, dass Bruschetta immer mit Tomaten und Zwiebeln serviert werden muss? Bei dieser und den folgenden Variationen kommt sicher jeder auf seinen Geschmack. Am besten gleich ein paar der Beläge zubereiten, ausreichend Brot rösten und die verschiedene Zutaten in kleinen Schüsseln servieren, sodass sich jeder seinen Lieblingsbelag auf seine gerösteten Brotscheiben legen kann. So wird aus Bruschetta ein vollständiges Abendessen!

Bruschetta mit weißen Bohnen und Salbei

>> Weiße Bohnen und Salbei passen nicht nur als Pastasauce bestens zusammen, sondern harmonieren auch noch prima auf geröstetem Weißbrot.

Für etwa 5 belegte Ciabattascheiben
🕐 10 Minuten

½ Dose weiße Bohnen • 1 Knoblauchzehe • 1 Bio-Zitrone • 2 EL Olivenöl • Salz • Pfeffer • einige Blätter frischer Salbei • 5 Ciabattascheiben

● Bohnen abtropfen lassen. Knoblauch fein hacken. Zitronenschale abreiben und die Zitrone auspressen. Bohnen, Knoblauch und Zitronenschale mit Olivenöl und 1 TL Zitronensaft vermischen, salzen und pfeffern. Salbei in feine Streifen schneiden, unterrühren.

● Die Ciabattascheiben rösten und den Belag darauf verteilen.

Pikante Bruschetta

>> Die Schärfe des Belags lässt sich ganz leicht anpassen – hier muss sich jeder nach seinem Geschmack herantasten.

Für etwa 5 belegte Ciabattascheiben
⊘ 10 Minuten

1 große Tomate • 1 rote Chilischote (oder 1 EL getrocknete Chiliflocken) • 1 Knoblauchzehe • einige Stängel glatte Petersilie • 2 EL Olivenöl • 1 EL Pinienkerne (oder Sonnenblumenkerne) • 5 Ciabattascheiben

● Tomate und Chili waschen und in feine Würfel schneiden. Wer die Chili nicht so scharf mag, entfernt die Samen vorher. Knoblauch schälen und fein hacken. Petersilie waschen und hacken. Alles mit Olivenöl und Pinienkernen vermischen, durchziehen lassen.

● Die Ciabattascheiben rösten und den Belag darauf verteilen.

Bruschetta mit Artischocken

>> An Artischocken scheiden sich die Geister, aber es lohnt sich, diese Variante auszuprobieren. Sie hat sogar meine Kinder überzeugt!

Für etwa 5 belegte Ciabattascheiben
⊘ 10 Minuten

1 Tomate • 4–5 eingelegte Artischocken • 1 Knoblauchzehe • 2 EL Olivenöl • 1 Schuss weißer Balsamicoessig • einige Basilikumblätter • Pfeffer • Salz • 5 Ciabattascheiben

● Tomate waschen und würfeln. Artischocken abtropfen lassen und in kleine Stücke schneiden. Knoblauchzehe schälen und fein hacken. Alles mit Olivenöl und Balsamicoessig vermischen. Vor dem Servieren Basilikumblätter unterheben, salzen und pfeffern.

● Die Ciabattascheiben rösten und den Belag darauf verteilen.

Bruschetta mit Gurken

》 Für Kinder, die sonst nix mögen.

Ergibt etwa 5 belegte Ciabattascheiben
⊘ 10 Minuten

½ Bio-Salatgurke • 3 EL Mais • 2 EL Olivenöl • Salz • 5 Ciabattascheiben

● Salatgurke waschen, der Länge nach
halbieren, Kerne mit einem Löffel
herauskratzen und die Gurke in kleine
Würfel schneiden. Mit Mais und Olivenöl
mischen, mit Salz abschmecken.

● Die Ciabattascheiben rösten und den
Belag darauf verteilen.

Süße Bruschetta

》 Bruschetta muss nicht immer herzhaft
sein – diese süße Variante werden nicht
nur eure Kinder lieben!

Ergibt etwa 5 belegte Ciabattascheiben
⊘ 10 Minuten

1 große Handvoll Erdbeeren • 1 TL Konfitüre
nach Wahl • 1 Tasse Frischkäse (oder Hüt-
tenkäse) • 5 Ciabattascheiben • Limettensaft und Minze zum Garnieren

● Erdbeeren waschen und in kleine Stücke schneiden. Konfitüre mit Frischkäse
glatt rühren.

● Die Ciabattascheiben rösten und mit
Frischkäse-Konfitüren-Mischung bestrei-
chen, Erdbeeren darübergeben und mit
etwas Limettensaft beträufeln. Vor dem
Servieren frische Minzblätter darüberstreuen.

Kichererbsen-Avocado-Salat

》 Durch das Eiweiß der Kichererbsen und den hohen Fettgehalt der Avocado kann dieser Salat ohne Weiteres als Hauptmahlzeit gegessen werden und schmeckt auch Kindern.

Für 2 Erwachsene und 2 Kinder
⊘ 20 Minuten

- 1 Dose Kichererbsen
- 1 EL milder Senf
- 2 EL weißer Balsamico-essig
- Saft von 1 Zitrone
- 2–3 EL Mayonnaise
- Zucker (oder Agaven-dicksaft)
- 1 Knoblauchzehe
- 2 Avocados
- 1 Bio-Salatgurke
- 1 Stange Stangensellerie
- 2–3 Frühlingszwiebeln
- Salz
- Pfeffer
- glatte Petersilie

● Kichererbsen in einem Sieb gut abspülen und abtropfen lassen. Senf, Essig und Zitronensaft vermischen und mit Zucker abschmecken, sodass es angenehm süß, aber nicht zu süß schmeckt. Die Mayonnaise unterrühren und die Kichererbsen hinzugeben.

● Knoblauch schälen und fein hacken, Avocados schälen und in Würfel schneiden. Gurke waschen und würfeln, Stangensellerie waschen und in Scheiben schneiden. Frühlingszwiebeln waschen und in Ringe schneiden.

● Alles gut vermischen und unter die Salatsauce heben. Mit Salz und Pfeffer abschmecken und mit gehackter glatter Petersilie bestreut servieren.

Feta-Oliven-Dip

Joghurt-Minz-Dip

》 Dips schmecken zu Fladenbrot oder Focaccia (Seite 131) und Salat oder auch, um Gemüsesticks hineinzudippen. Ich stelle gerne mehrere Dips auf den Tisch.

Als Beilage zum Dippen
⊘ 5 Minuten

1 kleine Handvoll schwarze Oliven ohne Stein • ½ Feta (ca. 50 g) • 50 g Frischkäse • 2 EL Olivenöl • Salz

● Oliven in kleine Stücke hacken. Feta würfeln und mit einer Gabel zerdrücken.

● Mit Frischkäse, Öl und Salz verrühren, zum Schluss die Olivenstückchen unterrühren.

》 Dieser Dip kühlt durch die Kombination von Joghurt und Minze und nimmt so auch scharfen Gerichten die Schärfe.

Als Beilage zum Dippen
⊘ 5 Minuten

einige Stängel frische Minze • 1 Becher cremiger Naturjoghurt • 1 TL Zitronensaft • ½ Bio-Salatgurke • Salz • Pfeffer

● Minze waschen, hacken und mit Joghurt und Zitronensaft verrühren. Salatgurke längs halbieren, die Kerne mit einem Löffel herauskratzen, Gurke in kleine Würfel schneiden und unter den Joghurt heben. Mit Salz und Pfeffer abschmecken.

Avocadodip

» Dieser Dip ist schnell zusammengerührt und schmeckt meinen Kindern besonders gut, obwohl sie normalerweise keine Avocado mögen.

Als Beilage zum Dippen
⊘ 5 Minuten

1 reife Avocado • 2 EL Frischkäse • Saft von 1 Limette • Salz • Pfeffer

● Das Fruchtfleisch der Avocado mit einer Gabel zerdrücken, mit Frischkäse und dem Limettensaft glatt rühren. Mit Salz und Pfeffer abschmecken.

Ziegenkäse-Dip mit Senf und Honig

» Die Kombination von leichter Schärfe aus dem Senf und dem süßen Honig passt toll zum Ziegenkäse.

Als Beilage zum Dippen
⊘ 5 Minuten

100 g Ziegenfrischkäse • 1 EL Senf • 1 EL flüssiger Honig • Salz

● Den Ziegenkäse mit Senf und Honig glatt rühren. Mit Salz abschmecken.

Tipp   Süßer Senf eignet sich hier am besten.

Radieschenquark

Erdnusssauce

》 Ein frischer Quarkdip, in den noch etwas
Gemüse hineingeschmuggelt wird. Wenn
man nicht zu scharfe Radieschen nimmt,
fällt das gar nicht weiter auf!

Als Beilage zum Dippen
⊘ 5–10 Minuten

1–2 Handvoll Radieschen • 150 g Speise-
quark (20 % Fett) • etwas Milch • 1 EL Zitronensaft • Salz • Pfeffer

● Radieschen waschen und in kleine
Würfel schneiden.

● Quark mit Milch und Zitronensaft glattrühren. Die Milch je nach gewünschter
Konsistenz langsam hinzugeben.

● Glatt gerührten Quark mit Radieschen
mischen, salzen und pfeffern.

Variante: Nach Geschmack mit etwas
Paprikapulver oder Cayennepfeffer pikant
abschmecken.

》 Eine leckere und schnell gemixte Sauce,
die zu vielen Gerichten passt – und durch
ihre Süße auch Kindern schmeckt.

Als Beilage zum Dippen
⊘ 5 Minuten

1 große Handvoll geschälte ungesalzene
Erdnüsse • 1 kleine Dose Kokosmilch • 2 EL
Erdnussmus • 1 Schuss Sesamöl

● Erdnüsse mit Kokosmilch, Erdnussmus und Sesamöl mit einem Pürierstab
pürieren.

Radieschenquark

Nur weil der Hunger groß ist, muss das Kochen nicht aufwendig sein. Gerade unter der Woche bleibt nicht viel Zeit, um in der Küche zu stehen. Aber glücklicherweise gibt es viele Gerichte, die schnell auf dem Tisch stehen. Am Wochenende koche ich gerne etwas aufwendiger, wobei ich auch dann gerne Rezepte mag, bei denen der Ofen den Großteil meiner Arbeit übernimmt. Am liebsten isst meine Familie übrigens Pasta, ich eingeschlossen. Was sehr praktisch ist: Wenn meinen Kindern eine Sauce nicht schmeckt, dann gibt es für sie eine einfache Tomatensauce dazu und alle sind zufrieden. Besonders praktisch finde ich übrigens Hauptgerichte, bei denen man die Reste am nächsten Tag ganz leicht aufwärmen oder für ein anderes Rezept verwenden kann. Übrig gebliebenes Gemüse landet bei uns zum Beispiel fast immer im Suppentopf.

◄ Herzhafte Pfannkuchen mit Gemüsefüllung (S. 98)

Gemüse-Lasagne

›› Lasagne ist das Lieblingsessen aller meiner Kinder. Nur, dass sie jeder anders mag. Das Schöne: Man kann eine Lasagne wunderbar in einzelne Felder aufteilen, sodass jeder seine Lieblingsvariante bekommt.

Für 2 Erwachsene und 2 Kinder
⏱ 20 Minuten plus 30 Minuten Backzeit

- reichlich Gemüse nach Geschmack
- Olivenöl
- 3 Knoblauchzehen
- 1 Dose stückige Tomaten
- Salz

- Pfeffer
- 1 EL getrocknete italienische Kräuter
- 1 Portion fertige helle Sauce (Fertigprodukt)
- 1 Glas Milch

- 1 Kugel Mozzarella
- 8–12 Lasagneblätter ohne Vorkochen
- Tomatenmark
- 1 Packung geriebener Gratinkäse

● Gemüse waschen, putzen, fein würfeln und in reichlich Olivenöl andünsten. Knoblauch schälen und fein hacken, zum Gemüse geben und andünsten.

● Tomaten zum Gemüse geben, eventuell noch etwas Wasser zugeben, mit Salz, Pfeffer und Kräutern köcheln lassen, bis das Gemüse bissfest ist.

● Helle Sauce nach Packungsanweisung mit dem Glas Milch kochen. Mozzarella in Scheiben schneiden.

● Die unterste Schicht der Lasagneblätter von unten mit Tomatenmark bestreichen, in eine gut gefettete flache Ofenform legen. Nun immer abwechselnd schichten: Gemüse, etwas geriebener Käse, helle Sauce. Mit Lasagneblättern abschließen, helle Sauce darübergeben, mit Käse bestreuen und mit Mozzarella belegen. 25–30 Minuten bei 200 °C Ober-/Unterhitze backen.

Tipp   Ein paar Ideen für die Gemüseauswahl: Zwiebeln, Möhren, Zucchini, Auberginen, Paprika, Fenchel, Erbsen.

Pasta mit Zucchini und Ricotta

Pasta mit Räucherlachs und Zitrone

» Eine cremige Ricottasauce, zu der auch anderes Gemüse passt (siehe Varianten).

Für 2 Erwachsene und 2 Kinder
⊘ 15–20 Minuten

Pasta für 4 Personen (4 Handvoll) • Salz • 2 kleine Zucchini • 2 EL Oliven- oder Rapsöl • 100–150 g Ricotta • 4 EL geriebener Parmesan • Salz • Pfeffer • frisches Basilikum

● Pasta nach Packungsanweisung in Salzwasser kochen. Zucchini waschen, in dünne Scheiben schneiden und in Öl andünsten. Nudeln abgießen, etwas Kochwasser aufbewahren.

● Gemüse mit Pasta, Ricotta und Parmesan vermischen, mit etwas Kochwasser sämig rühren. Salzen, pfeffern und mit Basilikum servieren.

Varianten   Statt der Zucchini könnt ihr auch Möhren und/oder Erbsen nehmen, die ihr ebenfalls vorher andünstet. Und wer noch eine Fleischeinlage möchte, kann gebratenen Bacon darüberstreuen oder Hackbällchen in die Sauce geben.

» Diese Räucherlachspasta ist schnell gemacht. Tagliatelle oder Spaghetti passen am besten.

Für 2 Erwachsene und 2 Kinder
⊘ 20 Minuten

1 kleine Zwiebel • 1 Knoblauchzehe • 1–2 EL Olivenöl • 1 Becher Crème fraîche • 1 Glas Gemüsebrühe • Saft von ½ Zitrone • Pfeffer • Salz • Nudeln für 4 Personen (4 Handvoll) • 100–200 g Räucherlachs • etwas Dill zum Servieren (TK geht auch)

● Zwiebel und Knoblauch schälen und fein würfeln. Im Olivenöl glasig dünsten. Crème fraîche hinzugeben, dann mit Gemüsebrühe ablöschen. Zitronensaft unterrühren, salzen, pfeffern und bei schwacher Hitze köcheln lassen.

● Nudeln nach Packungsanweisung in Salzwasser kochen, Lachs in Streifen schneiden. Pasta und Lachs in der Sauce kurz miterhitzen. Mit Dill bestreuen.

Variante   Wer keinen Fisch mag, kann ihn durch Schinken ersetzen.

Pasta mit Räucherlachs und Zitrone

Nudelauflauf-Wunschkonzert

›› Das Essen ist kein Wunschkonzert? Manchmal eben doch! In diesen Nudelauflauf kommt alles, was die Familie mag.

Ich finde jedenfalls: Erbsen dürfen auf keinen Fall fehlen.

Für 2 Erwachsene und 2 Kinder
⊘ 15 Minuten plus 20 Minuten Backzeit

- Nudeln für 4 Personen (4 Handvoll)
- Salz
- Gemüse nach Geschmack
- 3–4 EL Olivenöl
- 2 Eier
- 1 Becher Sahne
- 1 Packung geriebener Gratinkäse
- Pfeffer
- italienische Kräuter
- 1 Kugel Mozzarella

● Nudeln nach Packungsanweisung in Salzwasser kochen.

● In der Zwischenzeit Gemüse putzen, waschen und würfeln bzw. in kleine Scheiben schneiden. Im Olivenöl bissfest andünsten.

● Eier mit Sahne verrühren, ein Drittel des Käses darunterrühren, salzen, pfeffern und mit den getrockneten Kräutern würzen. Mozzarella in Scheiben schneiden.

● Nudeln abgießen, in eine Ofenform geben, mit der Gemüsemischung und der Eiersahne vermischen. Restlichen geriebenen Käse und Mozzarellascheiben darüber verteilen.

● Etwa 20 Minuten bei 180 °C Ober-/Unterhitze backen, bis die Eiersahne gestockt und der Käse leicht gebräunt ist.

Tipps   Je flacher die Ofenform, umso schneller stockt das Ei.

Meine Gemüsefavoriten sind z. B. Zwiebeln, Brokkoli, Tomaten, TK-Erbsen, Zucchini, Oliven oder Champignons.

Pastasauce mit Spargel

>> Ich liebe grünen Spargel – weil man ihn nicht schälen muss und er aromatischer schmeckt als der weiße.

Für 2 Erwachsene und 2 Kinder
⊘ 20 Minuten

500 g grüner Spargel • 1 kleine Zwiebel • 2 Knoblauchzehen • 3 EL Olivenöl • Zucker • 1 Becher Crème fraîche • 2 Handvoll Kirschtomaten • Salz • Pfeffer • Parmesan

● Das untere Drittel des Spargels an der »Sollbruchstelle« abbrechen. Spargel in 2–3 cm lange Stücke schneiden.

● Zwiebel und Knoblauch schälen und fein hacken. Spargel mit dem Gemüse im Öl anbraten, bis es bissfest ist. Etwas Zucker darüberstreuen, kurz weiterdünsten.

● Crème fraîche hinzugeben, kurz aufkochen und eventuell mit etwas Nudelwasser verrühren. Kirschtomaten waschen, halbieren und kurz mitgaren. Salzen, pfeffern und mit Parmesan servieren.

Das passt dazu am besten Penne

Pastasauce mit Avocado und Limette

>> Eine superschnelle Pastasauce, die ohne Kochen auskommt.

Für 2 Erwachsene und 2 Kinder
⊘ 15 Minuten plus 8 Minuten Kochzeit

2 reife Avocados • 3 EL Olivenöl • 2 Knoblauchzehen • 1 rote Zwiebel (nach Belieben) • 2 große Tomaten • Saft von 1 Limette • Salz • Pfeffer • 1 Handvoll glatte Petersilie (nach Belieben)

● Avocados schälen, entsteinen und würfeln. Mit dem Olivenöl vermengen.

● Knoblauch und Zwiebel schälen und fein würfeln. Tomaten waschen, Kerne entfernen und das Fruchtfleisch in feine Würfel schneiden. Mit den Avocadowürfeln und Limettensaft vermischen, salzen und pfeffern. Petersilie waschen, hacken und unterheben.

● Etwas Nudelkochwasser beim Abtropfen aufheben und untermengen.

Das passt dazu Spaghetti oder Tagliatelle und frisch geriebener Parmesan

Schnelles Putengulasch mit Ajvar

» Dieses Putengulasch ist dank Ajvar schnell fertig und die Schärfe lässt sich leicht anpassen.

Für 2 Erwachsene und 2 Kinder
⊘ 20 Minuten

- 4 handtellergroße Stücke Putenbrust
- 3 EL Oliven- oder Rapsöl
- 1 Zwiebel
- 2 Knoblauchzehen

- 2–3 Handvoll kleine Champignons (oder Pfifferlinge)
- 1 rote Paprikaschote
- 4–5 EL Ajvar (mild oder scharf – muss jeder selbst entscheiden)

- 2–3 EL Tomatenmark
- Salz
- Pfeffer
- Paprikapulver
- evtl. Saucenbinder
- Sahne (oder Schmand)

● Die Putenbrust würfeln und im Öl anbraten. Zwiebel und Knoblauch schälen, würfeln und zum Fleisch geben.

● Champignons waschen und halbieren. Paprika von den Samen befreien und in kleine Stücke schneiden. Pilze und Paprika zum Fleisch geben und mitschmoren.

● Wenn die Pilze weich sind, Tomatenmark und Ajvar unterrühren, mit 1–2 Gläsern Wasser ablöschen und aufkochen. Mit Salz, Pfeffer und Paprikapulver abschmecken. Nach Bedarf mit Saucenbinder andicken oder je nach Geschmack noch etwas mehr Wasser hinzugeben. Vor dem Servieren etwas Sahne oder Schmand unterrühren.

Das passt dazu Uns schmeckt am besten Reis dazu, aber es passen auch Kartoffeln oder Spätzle.

Variante Ich mag das Gulasch als vegetarische Variante und nehme dann einfach mehr Pilze und Paprika statt Fleisch.

Vegetarische Bolognese

» Ich esse, seit ich 13 bin, kein Fleisch mehr, bereite es aber ab und zu für meine Kinder zu. Aber bei dieser vegetarischen Bolognese wird niemand das Hack vermissen, versprochen! Das Geheimnis für den fruchtigen Geschmack ist übrigens die Größe der Gemüsewürfel – je kleiner, desto besser!

Für 2 Erwachsene und 2 Kinder
⊘ 15 Minuten plus 15 Minuten Kochzeit

- 1 Tasse Sojagranulat (siehe Variante)
- 1 Zwiebel
- 3 Knoblauchzehen
- 2 Möhren
- 1 Fenchel (oder 3–4 Stangen Staudensellerie)
- 1 rote Paprikaschote (oder 1 kleine Zucchini)
- 3–4 EL Olivenöl
- 2–3 EL Tomatenmark
- 1 Dose stückige Tomaten
- getrockneter Oregano
- Zucker
- Salz
- Pfeffer

● Sojagranulat mit etwas warmem Wasser übergießen und kurz quellen lassen. In der Zwischenzeit Zwiebel und Knoblauch schälen und möglichst fein schneiden. Möhren und restliches Gemüse ebenfalls schälen bzw. waschen und in so kleine Würfel wie möglich schneiden. Alles im Olivenöl mehrere Minuten andünsten.

● Sojagranulat ausdrücken, zum Gemüse geben und mit anbraten. Tomatenmark und Tomaten aus der Dose hinzugeben und etwas Wasser einrühren, bis die gewünschte Konsistenz erreicht ist.

● Mit Oregano, Zucker, Salz und Pfeffer würzen. Einige Minuten köcheln lassen, bis das Gemüse bissfest ist.

Das passt dazu   Zu dieser Bolognese schmecken Spaghetti am besten. Wer möchte, bestreut die Bolognese mit frisch geriebenem Parmesan.

Variante   Wer kein Sojagranulat mag, nimmt einfach mehr Gemüse.

Putengeschnetzeltes mit weißen Bohnen

>> Bei Putenfleisch solltet ihr immer zur Bio-Variante greifen.

Für 2 Erwachsene und 2 Kinder
⊘ 15 Minuten plus 20 Minuten Kochzeit

1 Dose weiße Bohnen • 1 Zwiebel • 1 Knoblauchzehe • 1 rote Paprikaschote • 400 g Putenfilet • 4–5 EL Oliven- oder Rapsöl • 1 Dose stückige Tomaten • 100 ml Gemüsebrühe • 1 Prise Zucker • Salz • Pfeffer • Paprikapulver nach Belieben

● Bohnen in einem Sieb abtropfen lassen. Zwiebel und Knoblauch schälen und fein hacken. Paprika waschen und würfeln. Putenfilet in kleine Stücke schneiden.

● Pute in einer Pfanne in dem Öl anbraten, dann Zwiebel, Knoblauch und Paprika mit anbraten. Mit Tomaten und Brühe ablöschen, zusammen mit den Bohnen etwa 10 Minuten köcheln lassen.

● Mit Zucker, Salz und Pfeffer abschmecken. Mit Paprikapulver pikant würzen.

Das passt dazu   Reis oder Bulgur

Honigmöhren aus dem Ofen

>> Der Honig hebt die natürliche Süße der Möhren noch stärker hervor, sodass Kinder im siebten Himmel schweben!

Als Beilage für 2 Erwachsene und 2 Kinder
⊘ 10 Minuten plus 15 Minuten Backzeit

500 g kleine Möhren • 4 EL Olivenöl • ½ TL Salz • 2 EL flüssiger Honig • ½ TL milder Senf • einige frische Basilikumblätter zum Servieren

● Die Möhren schälen und in Sticks schneiden (der Länge nach vierteln). Die Möhrensticks in einer flachen Backform nebeneinanderlegen.

● Olivenöl, Salz, Honig und Senf mischen und über die Möhren verteilen. Im Ofen bei 200 °C Ober-/Unterhitze etwa 15 Minuten garen. Die Möhren sollten noch etwas bissfest sein.

● Mit Basilikum bestreuen.

Das passt dazu   frisches Brot mit Dip oder Kräuterreis

Gemüsetortilla

» Das Schöne an einer Tortilla: Man kann die Zutaten ganz nach Geschmack variieren und dafür wunderbar Reste vom Vortag wie Kartoffeln oder Gemüse verwenden. Mit abgekühlten Kartoffeln schmeckt sie nämlich noch besser als mit frisch gekochten!

Für 2 Erwachsene und 2 Kinder
⊙ 20 Minuten plus 15–20 Minuten Backzeit

- 400 g Kartoffeln
- 3 EL Olivenöl
- 2–3 Handvoll Gemüse (z. B. TK-Erbsen, Paprika-schote, Zucchini, Pilze, Zwiebeln)
- 6–8 Eier (Größe L)
- 1 Schuss Milch
- Salz
- Pfeffer
- Paprikapulver
- Kräuter der Provence
- 1–2 Handvoll geriebener Käse

● Kartoffeln kochen und abkühlen lassen (oder Kartoffeln vom Vortag nehmen). In etwa 1 cm dicke Scheiben schneiden. Im Öl anbraten, aber nicht so braun wie Bratkartoffeln werden lassen.

● In der Zwischenzeit Gemüse putzen, waschen und nach Bedarf würfeln, Pilze in Scheiben schneiden. Zu den Kartoffeln geben und kurz mitbraten.

● Eier mit Milch, Gewürzen und geriebenem Käse verrühren.

● Gemüse und Kartoffeln in eine eher breite und große als hohe Ofenform geben. Eiermischung darübergeben. Bei 180 °C Ober-/Unterhitze (Umluft 160 °C) 15–20 Minuten stocken lassen.

Schmorgurkenpfanne mit Feta

>> Ich finde, Schmorgurken sind ein komplett unterschätztes Gemüse. Mediterran zubereitet mit frischen Kräutern und Schafskäse sind sie für mich das Sommeressen schlechthin. Das weitere Gemüse in dieser Schmorgurkenpfanne kann man nach Lust und Vorrat variieren.

Für 2 Erwachsene und 2 Kinder
⊘ 25 Minuten

- 1 Schmorgurke
  (oder 1 Salatgurke)
- 1 Zwiebel
- 2–3 Knoblauchzehen
- 3 EL Olivenöl

- 1 rote Paprikaschote
- 1 kleine Handvoll frische
  Kräuter (z. B. Thymian,
  Rosmarin)
- 4 große Tomaten

- 1 EL Tomatenmark
- 1 Pck. Feta
- Salz
- Pfeffer
- glatte Petersilie

● Gurke schälen, längs halbieren, die Kerne mit einem Löffel auskratzen und die Gurke in Würfel schneiden. Testen, ob sie bitter schmeckt, dann ggf. das bittere Ende abschneiden. Zwiebel schälen und würfeln, Knoblauch schälen und fein hacken. Alles im Olivenöl andünsten.

● Paprika waschen, Samen entfernen und das Fruchtfleisch würfeln. Zu den Gurken und Zwiebeln geben. Frische Kräuter vom Stiel abzupfen und einige Minuten mit geschlossenem Deckel mitschmoren.

● Tomaten waschen und würfeln, mit dem Tomatenmark zur Gemüsepfanne geben und mitschmoren lassen.

● Feta würfeln und noch 3–4 Minuten bei geschlossenem Deckel mitschmoren. Salzen, pfeffern und vor dem Servieren mit einigen Blättchen frischer Petersilie servieren.

Das passt dazu   Reis oder Bulgur

Ofengemüse – von allem etwas

>> Das Praktische an Ofengemüse: Ist es einmal klein geschnippelt, macht der Ofen die restliche Arbeit. Und ich kann aufräumen. Oder lesen. Und: Man kann einfach verwenden, worauf man Lust hat.

Für 2 Erwachsene und 2 Kinder
⊘ 15 Minuten plus 20–30 Minuten Backzeit

- 1 Zwiebel
- 3 Knoblauchzehen
- 1 große Möhre
- 1 Süßkartoffel
- 1 Fenchel
- 2 große Tomaten (oder 2 Handvoll Kirschtomaten)
- 1 Paprikaschote
- 1 kleine Zucchini
- 1 Feta (oder Halloumi)
- 1 Handvoll frischer Thymian (oder Rosmarin bzw. 1 EL getrocknete italienische Kräuter)
- 4 EL Olivenöl
- einige Spritzer Balsamicoessig
- einige Spritzer Zitronensaft
- Salz
- Pfeffer

● Zwiebel und Knoblauch schälen und in größere Streifen schneiden. Gemüse waschen, putzen, ggf. schälen und in Würfel schneiden. Feta würfeln. Kräuter vom Stiel zupfen.

● Alles in einer großen Schüssel mit Olivenöl, Essig und Zitronensaft vermischen, dann auf ein Backblech möglichst flach in einer Lage verteilen. Salzen und pfeffern.

● 20–30 Minuten bei 180 °C Ober-/Unterhitze im Ofen garen, bis das Gemüse bissfest ist.

Das passt dazu   Reis oder Bulgur und der Joghurt-Minz-Dip (Seite 72)

Variante   Ihr könnt die oben vorgeschlagenen Gemüse nehmen – oder auch etwas ganz anderes, z. B. Champignons, Aubergine, Hokkaidokürbis, Staudensellerie oder Kichererbsen.

Gemüsequiche

» Das Schöne an dieser Quiche: Jeder kann seine Ecke selbst belegen – wie bei einer Pizza. So hat jeder das auf dem Teller, was ihm schmeckt.

Für 1 Quiche
⊘ 20 Minuten plus 30 Minuten Kühlzeit und 35 Minuten Backzeit

Für den Teig:
- 100 g Mehl
- 1 Ei
- 75 g kalte Butter
- 1 EL saure Sahne

Für den Belag:
- 2 Eier
- 1 Becher saure Sahne (minus 1 EL für den Teig)
- ½ Pck. geriebener Käse
- 4 Handvoll Gemüse

- evtl. etwas Öl
- Salz
- Pfeffer
- italienische Kräuter nach Belieben (oder etwas Paprikapulver)

● Für den Teig Mehl mit Ei mischen. Butter klein würfeln, mit der sauren Sahne zu Mehl und Ei geben und schnell zu einem glatten Teig verkneten. Für ca. 30 Minuten in den Kühlschrank stellen.

● In der Zwischenzeit Eier mit restlicher saurer Sahne und Käse verquirlen.

● Gemüse putzen, waschen und würfeln. Gemüse wie Zwiebeln, Lauch, Pilze, Paprikaschote, Zucchini etc. anbraten, Spargel oder Brokkoli kurz blanchieren. Tomaten, Mais, TK-Erbsen oder Oliven können direkt auf den Teig gegeben werden.

● Teig in einer runden Form ausrollen und am Rand hochziehen.

● Gemüse gleichmäßig auf dem Teig verteilen. Würzen und die Eiermasse darübergeben.

● Bei 200 °C Ober-/Unterhitze 30–40 Minuten backen, bis die Eiermasse gestockt und leicht gebräunt ist.

Tipp   Lecker sind Lauch, Erbsen, Pilze, Brokkoli, Spargel, Tomaten, Oliven, Mais, Zucchini.

Hähnchen mit Orangensauce

>> Diese fruchtige Sauce schmeckt auch kleinen Kindern. Das Gericht lässt sich übrigens sehr gut für Gäste vorbereiten.

Für 2 Erwachsene und 2 Kinder
⊘ 15 Minuten plus 15 Minuten Kochzeit

400 g Hähnchenbrustfilets (am besten Bio) • 1 Zwiebel • 2–3 Orangen • 3 EL Olivenöl • 1 Becher Sahne • ½ Tasse Gemüsebrühe • 1 EL Saucenbinder • Pfeffer • Salz • edelsüßes Paprikapulver

● Hähnchenfleisch in feine Streifen schneiden. Zwiebel schälen und würfeln. 1 Orange auspressen, beide Orangen schälen und filetieren.

● Hähnchen in Öl anbraten. Die Zwiebel hinzugeben und glasig dünsten. Mit Sahne und Gemüsebrühe ablöschen und einkochen lassen. Den Saucenbinder einrühren. Zum Schluss mit dem Orangensaft, Salz, Pfeffer und Paprikapulver abschmecken. Die Orangenfilets kurz darin erwärmen.

Das passt dazu   Reis und grüner Salat

Blumenkohlreis mit Curry

>> Mit diesem fein gehackten Blumenkohl kann ich meinen Kindern ein Gemüse unterschmuggeln. Sie halten es tatsächlich für Reis und bisher bin ich noch nicht aufgeflogen.

Als Beilage für 2 Erwachsene und 2 Kinder
⊘ 10 Minuten

1 kleiner Blumenkohl • 1 EL Curry • 2 EL Olivenöl • einige Stängel glatte Petersilie (nach Geschmack) • Salz • Pfeffer

● Blumenkohl waschen und in feine Stücke hacken, die etwa so groß sind wie Reiskörner. Das geht auch mit einer Küchenmaschine.

● Curry mit etwas Olivenöl vermischen und zusammen mit dem Blumenkohl einige Minuten unter Rühren in einer Pfanne anrösten. Vor dem Servieren mit gehackter Petersilie, Salz und Pfeffer vermischen.

Das passt dazu   eine perfekte Beilage zu Hähnchenfilet oder Geschnetzeltem

Hähnchen mit Orangensauce

Herzhafte Pfannkuchen mit Gemüsefüllung

>> Wer sagt denn, dass Pfannkuchen immer mit Apfelmus daherkommen müssen? Diese herzhaften Pfannkuchen machen nicht nur satt, man kann die Füllung auch nach Lust und Appetit variieren. Ich mag sie am liebsten mit grünem Spargel und Kirschtomaten und im Herbst mit Champignons.

Für 6 große Pfannkuchen
⊘ 20 Minuten

Für den Teig:
- 3 Eier
- 1 kleines Glas Milch
- 1 kleine Tasse Mehl
- Mineralwasser mit Kohlensäure
- 1 Prise Salz
- Butter zum Backen

Für die Füllung:
- 500 g Gemüse
- 1 EL Raps- oder Olivenöl
- ½ Becher Crème fraîche
- Salz
- Pfeffer
- 1 Handvoll geriebener Käse

● Die Eier mit Milch und Mehl zu einem flüssigen Pfannkuchenteig verrühren. Einen Spritzer Mineralwasser und das Salz hinzugeben. Eventuell noch etwas Mehl zufügen, bis die gewünschte Konsistenz erreicht ist.

● Gemüse putzen, waschen und in mundgerechte Stücke schneiden. In Öl anbraten und Crème fraîche darin »schmelzen« lassen. Köcheln lassen, bis das Gemüse bissfest ist. Salzen und pfeffern.

● Pfannkuchen in der Butter in einer Pfanne beidseitig goldbraun backen.

● Auf dem Teller die Gemüsefüllung daraufgeben, etwas geriebenen Käse darüber verteilen und aufrollen.

Tipp   Diese Gemüse passen beispielsweise: Spargel, Kirschtomaten, Champignons, Zwiebeln, Erbsen und Zucchini.

Gratinierter Feta

≫ Mit Ofentomaten und roten Zwiebeln wird aus diesem Feta ein Hauptgericht.

Für 2 Erwachsene und 2 Kinder
⊘ 10 Minuten plus 15 Minuten Backzeit

2 Feta • 4 große Tomaten • 2 rote Zwiebeln • 2 Knoblauchzehen • 1 rote Paprikaschote • 4 EL Olivenöl • 1–2 Handvoll schwarze Oliven • einige eingelegte Peperoni • Salz • Pfeffer • getrockneter Oregano

● Feta halbieren. Tomaten waschen und halbieren. Zwiebeln schälen und in Ringe schneiden. Knoblauch schälen und fein hacken. Paprika in Streifen schneiden.

● Feta und Tomaten in eine Ofenform geben, mit Zwiebeln, Knoblauch, Paprika und großzügig Olivenöl bedecken. Oliven und Peperoni darüber verteilen.

● Salzen, pfeffern und mit etwas Oregano würzen. Bei 180 °C Ober-/Unterhitze 15–20 Minuten im Ofen gratinieren.

Das passt dazu   Reis, Bulgur, Ciabatta und ein grüner Salat

Gemüserösti aus einem Suppenbund

≫ Wer sagt denn, dass man ein Suppenbund nur für Suppe benutzen kann?

Für 2 Erwachsene und 2 Kinder
⊘ 20–30 Minuten

1 großes Suppenbund • 2 Eier (Größe M) • 3–4 EL Mehl • Salz • Pfeffer • 3–4 EL Rapsöl oder Butterschmalz

● Das Suppengemüse waschen, Möhren und Sellerie schälen. Lauch in feine Streifen schneiden, das restliche Gemüse raspeln. Petersilie waschen.

● Eier mit Mehl, Salz und Pfeffer verquirlen. Gemüse unter die Eiermasse mischen, einige Minuten ziehen lassen.

● Das Öl in einer Pfanne erhitzen, mit einem Esslöffel kleine Portionen der Gemüse-Ei-Masse hinzugeben und platt drücken. Etwa 3 Minuten auf jeder Seite goldbraun anbraten. Vorsicht beim Wenden, die Röstis zerfallen schnell!

Das passt dazu   Pellkartoffeln und verschiedene Dips

Seelachs mit Olivenhaube

» Seelachs ist nicht nur günstig, sondern schmeckt wegen seines nur geringen Fischgeschmacks auch Kindern. Man kann auch sehr gut tiefgefrorenen verwenden, den man einfach einen Tag vorher im Kühlschrank auftauen lässt.

Für 2 Erwachsene und 2 Kinder
⊘ 20 Minuten plus 20 Minuten Backzeit

- 4 große Tomaten
- 500 g Seelachsfilet (TK oder frisch)
- Salz
- Pfeffer
- Saft von ½ Zitrone
- mehrere Stängel frische Petersilie (am besten glatte)
- 1 Knoblauchzehe
- 1 Handvoll schwarze Oliven ohne Stein
- 1 EL Tomatenmark
- 1 kleine Tasse Semmelbrösel
- 1 kleine Tasse Olivenöl plus Öl für die Form

● Tomaten waschen und in Scheiben schneiden. In eine geölte Auflaufform legen. Fischfilet waschen und auf die Tomaten legen. Salzen, pfeffern und mit Zitronensaft beträufeln.

● Petersilie waschen und hacken. Knoblauch schälen und hacken, Oliven ebenfalls hacken. Petersilie und Knoblauch mit Tomatenmark mischen, mit Semmelbröseln und so viel Öl verrühren, dass ein sämiger, aber noch leicht krümeliger Brei entsteht.

● Die Oliven-Petersilien-Paste auf dem Fisch verstreichen. Bei 200 °C Ober-/Unterhitze (Umluft 180 °C) 20–25 Minuten backen (abhängig von der Dicke des Fischfilets). Die Paste sollte leicht gebräunt sein.

Das passt dazu   Reis oder Pellkartoffeln und Gemüse wie Brokkoli oder grüne Bohnen

SOOO SÜÜÜSS: DESSERTS UND SCHLECKEREIEN

Unter der Woche gibt es bei uns meistens nur Obst mit Joghurt zum Nachtisch, das geht schnell und ist gesund. Aber am Wochenende mag ich es auch gerne mal etwas aufwendiger. Fast alle Desserts kann man gut vorbereiten, da sie am besten schmecken, wenn sie einige Zeit im Kühlschrank kalt gestellt werden. Mir schmecken Desserts mit Beeren oder dunkler Schokolade am besten, am liebsten nicht zu sehr gesüßt. Und da auch beim Nachtisch die Geschmäcker manchmal auseinandergehen, mag ich besonders die Rezepte, bei denen man ganz einfach eine Zutat austauschen kann.

◄ Grießauflauf mit Beeren (S. 107)

Beerenmousse

>> Ich liebe Beerenmousse – so lecker und fruchtig!

Für 4 Dessertschälchen
🕐 15 Minuten plus 2 Stunden Kühlzeit

500 g Beeren nach Saison • 4 Blatt Gelatine • 2 Becher Sahne • 1 Pck. Vanillezucker • 1–2 EL Agavendicksaft (oder flüssiger Honig) • 1 Becher Naturjoghurt

● Einige Beeren für die Deko beiseitelegen, restliche Beeren waschen und pürieren. Gelatine in kaltem Wasser einweichen. Sahne mit Vanillezucker und Agavendicksaft steif schlagen.

● Die Hälfte der pürierten Beeren in einem kleinen Topf bei mittlerer Hitze vorsichtig erwärmen. Die Gelatineblätter hinzugeben und unter Rühren auflösen. Gelatine zur anderen Hälfte der pürierten Beeren geben und verrühren.

● Sahne unter die pürierten Beeren heben und in Schälchen füllen. Ungefähr 2 Stunden im Kühlschrank kühl stellen. Vor dem Servieren mit Beeren dekorieren.

Beeren-Mascarpone-Creme

>> Dieses Dessert kommt fast ohne Zucker aus und keiner wird ihn vermissen!

Für 4 Dessertschälchen
🕐 15 Minuten

1 Becher Sahne • 125 g Mascarpone • 125 g Magerquark • 1–2 EL Orangensaft (gerne frisch gepresst) • 1 EL Agavendicksaft (oder 1 EL Zucker) • 1 große Handvoll Beeren (z. B. Erdbeeren, Himbeeren, Brombeeren, Heidelbeeren)

● Sahne steif schlagen und kühl stellen. Mascarpone, Quark, Orangensaft und Agavendicksaft glatt mixen. Geschlagene Sahne vorsichtig unterheben.

● Abwechselnd Beeren, Mascarponecreme und wieder Beeren schichten. Mit den Beeren abschließen und 1 Stunde kühl stellen. Gut gekühlt servieren.

Tipp   Wenn ihr Beeren in der TK-Version verwenden wollt, dann lasst sie vorher auftauen.

Beeren-Mascarpone-Creme

Veganes Mango-Eis

» Bei selbst gemachtem Eis stört mich immer die lange Wartezeit, bis es gefroren ist. Dank TK-Mangos ist dieses Eis in 30 Minuten servierfertig und herrlich cremig.

Für 4 große Kugeln
⊘ 35 Minuten (inklusive Kühlzeit)

300 g Soja-Joghurt mit Kokosgeschmack • 300–400 g TK-Mangostücke • 1–2 EL Saft von 1 Limette • 4–5 EL Puderzucker

● Joghurt für 30 Minuten ins Tiefkühlfach stellen und die TK-Mangos 30 Minuten antauen lassen.

● Den angefrorenen Joghurt und die angetaute Mango mit Limettensaft und Puderzucker pürieren.

Variante   Wenn es nicht vegan sein soll, dann könnt ihr auch griechischen Joghurt statt des Sojajoghurts verwenden.

Tipp   Frisch serviert schmeckt das Eis am besten. Es lässt sich aber auch einfrieren und später servieren, dann aber vorher etwas antauen lassen.

Knuspercreme mit Früchten

» Meine Kinder lieben es, für diesen Nachtisch ihre Lieblingskekse zu zerkrümeln. Das ist die Hauptarbeit, der Rest von diesem Rezept geht ruck, zuck.

Für 4 Desserschälchen
⊘ 15 Minuten

1 Tasse zerkrümelte Kekse • ½ TL brauner Zucker • 1 Becher Sahne • 250 g Frischkäse • 3 EL Zucker • Früchte nach Wahl zum Dekorieren (z. B. Beeren, gewürfelte Mangos oder Maracujas)

● Kekse zerkrümeln. Mit braunem Zucker vermischen, in Dessertschalen verteilen und festdrücken.

● Die Sahne steif schlagen. Frischkäse mit Zucker glatt rühren und die Sahne unterheben. Creme auf die Kekskrümel füllen und mit Früchten dekorieren. Sofort servieren.

Tipp   Es sollten einfache, ungefüllte Kekse sein, z. B. Butterkekse. Wer es lieber schokoladiger mag, nimmt Schokocookies.

Grießauflauf mit Beeren

>> Ich liebe Grießbrei – und als Auflauf mit Quark und Beeren schmeckt Grieß noch besser! Ein leckerer Nachtisch, der sich auch als süße Hauptspeise eignet.

Für 2 Erwachsene und 2 Kinder
⊘ 15 Minuten plus 30 Minuten Backzeit

- 200–300 g Beeren (z. B. Himbeeren, Erdbeeren, Heidelbeeren; TK oder frisch)
- 1 Pck. Vanillezucker
- 3 Eier
- 100–125 g Zucker
- 500 g Magerquark
- 75 g Weizengrieß
- 2 TL Backpulver
- Puderzucker nach Belieben

● Beeren waschen, TK-Beeren antauen lassen. Mit dem Vanillezucker bestreuen und ziehen lassen, während die Quarkmasse zubereitet wird.

● Eier trennen und Eiweiße steif schlagen. Eigelbe mit Zucker schaumig rühren. Quark hinzugeben und gut verrühren. Grieß mit Backpulver vermengen und unterrühren. Eischnee unterheben.

● Die Quark-Grieß-Masse in eine flache Auflaufform füllen. Beeren hinzugeben und etwas eindrücken, wenn sie nicht von allein einsinken.

● Bei 175 °C Ober-/Unterhitze 30–35 Minuten backen. Falls die Oberfläche zu stark bräunt, nach 15 Minuten auf die untere Schiene verlagern. Der Auflauf sollte oben fest und leicht gebräunt und in der Mitte weich sein.

● Nach Geschmack mit Puderzucker bestäuben und frisch aus dem Ofen servieren.

Variante   Der Auflauf schmeckt auch mit Pflaumen. Statt mit Vanillezucker bestreut ihr diese anfangs mit etwas Zimt.

Tipp   TK-Früchte könnnt ihr unaufgetaut verwenden.

Crumble mit Äpfeln

» Ein Crumble ist eine Art Streuselkuchen ohne Boden. Dieses Crumble-Rezept geht sehr schnell.

Für 2 Erwachsene und 2 Kinder
⊙ 15 Minuten plus 25 Minuten Backzeit

Für die Füllung:
- 4 kleine Äpfel
- 1 EL Mehl
- 4 EL brauner Zucker
- 1 TL Zimt
- 1 Pck. Vanillezucker

Für den Krümelteig:
- 100 g Mehl
- 3 EL brauner Zucker
- 75 g weiche Butter

● Äpfel waschen, schälen, Kerngehäuse entfernen und die Äpfel in kleine Würfel schneiden. Nebeneinander in einer kleinen, flachen Auflaufform verteilen. Mehl, Zucker und Zimt darübergeben und alles vermischen.

● Für die Krümel Mehl und Zucker gut vermischen, dann die Butter in kleine Stückchen zerteilen, zugeben und am besten mit den Fingern zu einem krümeligen Teig kneten.

● Die Teigkrümel über dem Obst verteilen. Bei 200 °C Ober-/Unterhitze 20–25 Minuten backen.

Varianten   Statt der Äpfel könnt ihr auch 2 Handvoll Pflaumen bzw. Beeren nach Wahl nehmen. Wer mag, bestreut den Crumble vor dem Servieren mit gehackten Haselnüssen.

Tipp   Der Crumble schmeckt als Nachtisch oder süße Hauptmahlzeit.

Panacotta mit Zimt und Pflaumen

» Für mich eines meiner liebsten Weihnachts-
desserts! Aber eigentlich schmeckt diese
Panacotta das ganze Jahr über.

Für 4 Dessertschälchen
⊘ 15 Minuten plus 2–3 Stunden Kühlzeit

Für die Panacotta:
- 5 Blatt Gelatine
- 2 Becher Sahne
- 50 g Zucker
- 1 TL Zimt

Für die Fruchtsauce:
- 1 Glas eingelegte
  Pflaumen
- 1 EL Speisestärke

- 2 EL Zucker
- Zimt

● Gelatine in kaltem Wasser einweichen.
Sahne mit Zucker und Zimt aufkochen,
einige Minuten köcheln und dann abkühlen lassen. Gelatine ausdrücken und
in der noch warmen Sahne auflösen. In
4 Dessertschalen füllen und 2–3 Stunden
kühl stellen.

● Pflaumen abtropfen lassen, dabei ein
halbes Glas Saft auffangen. Obst mit
Speisestärke, Zucker und Zimt pürieren,
eventuell noch etwas von dem aufgefan-
genen Saft hinzugeben. Kurz in einem
kleinen Topf aufkochen lassen, dann kurz
abkühlen lassen und kühl stellen. Zum
Servieren auf die fest gewordene Panacotta geben.

Variante   Ihr könnt statt der Pflaumen
auch andere eingelegte Früchte nehmen,
wie z. B. süße Kirschen.

Orangen-Eis am Stiel

Orangen-Eis am Stiel

>> Dieses Eis am Stiel braucht nicht viel Süße, denn es schmeckt unglaublich erfrischend und fruchtig.

Für 6 Eis am Stiel
⊘ 10 Minuten plus 2–3 Stunden Kühlzeit

1 Becher Naturjoghurt (100–150 g) • Limettensaft • Agavendicksaft (oder Honig) • 150 ml Orangensaft

● Joghurt mit Limettensaft und Agavendicksaft und 1 Spritzer Orangensaft verrühren. Die Eisformen damit etwas weniger als zwei Drittel hoch befüllen. 2–3 Stunden im Tiefkühlfach gefrieren lassen.

● Ist der Joghurt angefroren, die Form mit dem restlichen Orangensaft auffüllen. Noch einmal 1–2 Stunden im Tiefkühlfach durchfrieren lassen.

Variante   Schneller geht es, wenn man nur eine Schicht macht. Dann alle Zutaten miteinander verrühren und 2–3 Stunden im Tiefkühlfach gefrieren.

Mousse au Chocolat ohne Ei

>> Einer Mousse au Chocolat kann ich nicht widerstehen! Allerdings benutze ich der Kinder wegen ungern rohes Ei in meinen Rezepten. Diese vegane Variante schmeckt super und die gesunde Avocado wird einfach hineingeschmuggelt!

Für 2 Erwachsene und 2 Kinder
⊘ 10 Minuten plus 1 Stunde Kühlzeit

2 reife, weiche Avocados • 2 EL Kokosöl • 4 gehäufte EL ungesüßtes Kakaopulver • 3–4 EL Agavendicksaft • einige Beeren

● Avocado schälen und entkernen. Zusammen mit dem Kokosöl und 2 TL Wasser in einem Mixer pürieren. Kakaopulver und Agavendicksaft hinzugeben und weiter pürieren. Eventuell noch etwas nachsüßen.

● In Schälchen geben und mindestens 1 Stunde in den Kühlschrank stellen. Mit frischen Beeren garniert servieren.

Variante   Wenn es nicht vegan sein soll, dann könnt ihr den Agavendicksaft auch durch Honig ersetzen.

Apfelmus mit Zimtcreme

>> Soll es mal schnell gehen, schmeckt auch fertiges Apfelkompott aus dem Glas super – aber leckerer ist selbst gemachtes!

Für 4 Dessertschälchen
⏱ 15 Minuten plus 1 Stunde Kühlzeit (fällt weg mit fertigem Apfelmus)

Für das Apfelmus: 5–6 Äpfel • Zitronensaft • einige EL brauner Zucker (oder Agavendicksaft) • Zimt

Für die Zimtcreme:
150 g Quark • 4 EL Puderzucker • 1 Pck. Vanillezucker • Zimt • 1 Becher Sahne

● Äpfel schälen, Fruchtfleisch würfeln und mit Zitronensaft beträufeln. Mit Zucker und Zimt zum Köcheln bringen und pürieren.

● Quark mit Puderzucker, Vanillezucker und Zimt verrühren. Sahne steif schlagen und unterheben. Abwechselnd Quark und Apfelmus in eine Dessertschale schichten.

Variante Das Apfelmus einfach 1:1 gegen Pflaumenmus austauschen.

Selbst gemachter Schokopudding

>> Selbst gemachter Pudding geht schneller, als ihr denkt, und schmeckt himmlisch.

Für 4 Dessertschälchen
⏱ 15 Minuten plus 2 Stunden Kühlzeit

1 Tafel Schokolade (nach Wahl) • 4 EL Speisestärke • 500 ml Milch (oder Hafer- oder Mandeldrink) • 3 EL Zucker • 1 Pck. Vanillezucker • evtl. gehackte Mandeln (oder ungesalzene Pistazien)

● Schokolade in kleine Stückchen brechen. Stärke mit 4–5 EL kalter Milch glatt rühren. Die übrige Milch mit Zucker und Vanillezucker aufkochen, Schokolade unter Rühren bei niedriger Temperatur in der Milch schmelzen lassen.

● Angerührte Speisestärke unterrühren, unter ständigem Rühren etwa 1 Minute kochen. Mandeln (oder Pistazien) unterrühren, wenn verwendet.

● In Servierschälchen gießen und etwa 2 Stunden im Kühlschrank fest werden lassen.

Süße Lasagne mit Obst der Saison

>> Wer sagt denn, dass Lasagne immer herzhaft sein muss? Diese Lasagne kommt als Nachtisch daher und schmeckt unglaublich lecker!

Für 2 Erwachsene und 2 Kinder
⊘ 20 Minuten plus 30 Minuten Backzeit

- 1 EL Vanillepuddingpulver
- 2 EL Zucker
- 1 Tasse Milch (oder Haferdrink)
- 1 Handvoll Weißbrot oder Brötchen vom Vortag
- 1 EL Butter
- 125 g Quark
- 1 Ei
- Obst (z. B. 1 kleine Dose Pfirsichhälften, aufgetaute TK-Himbeeren oder -Heidelbeeren, Kirschen aus dem Glas, Zwetschgen, 1 kleine Dose Mandarinen)
- einige Lasagneblätter ohne Vorkochen

● Vanillepuddingpulver mit 1 EL Zucker und der Hälfte der Milch verrühren. Die andere Hälfte der Milch aufkochen, Mischung einrühren und abkühlen lassen.

● Brot oder Brötchen fein würfeln, mit Butter und restlichem Zucker zu kleinen Streuseln verkneten.

● Quark zuerst mit dem Ei, dann mit der abgekühlten Puddingmischung verrühren.

● Obst ggf. abtropfen lassen und größere Sorten zerkleinern. Eine ofenfeste Form fetten und abwechselnd Lasagneblätter, Puddingmasse und Obst hineinschichten. Mit Puddingmasse abschließen und mit Brotstreuseln bedecken.

● Etwa 30 Minuten bei 180 °C Ober-/Unterhitze backen, bis die Lasagneblätter weich und die Brotstreusel goldbraun sind. Eventuell in den letzten Minuten mit Alufolie abdecken, damit sie nicht zu braun werden.

Variante   Die Fruchteinlage je nach Saison und Geschmack variieren, bei uns gibt es immer eine Hälfte für die Kirschenliebhaber und eine für die Beerenfans.

Marshmallows mit Schokohaube und Streuseln

Weintrauben mit Schokohaube

» Marshmallows sind ja schon verboten süß, diese hier noch viel mehr. Auf Kindergeburtstagen sind sie deshalb der Renner, denn alle Kinder lieben Streusel!

Für beliebig viele Marshmallows
⊘ 10 Minuten plus 10 Minuten Kühlzeit

Marshmallows • Kuvertüre oder Schokolade • Streusel oder andere Verzier-Zuckerkugeln

● Kuvertüre oder Schokolade schmelzen lassen. Marshmallows bis zur Hälfte in die Kuvertüre tunken. Mit Streuseln verzieren. Abkühlen lassen.

» In Schokolade getunkt und mit gehackten Haselnüssen bestreut, wird aus Weintrauben schnell ein leckerer Nachtisch. Auch super fürs Geburtstagsbuffet.

Für beliebig viele Trauben
⊘ 10 Minuten plus 10 Minuten Kühlzeit

Weintrauben • Kuvertüre • gehackte Haselnüsse

● Weintrauben waschen, in geschmolzene Kuvertüre tauchen. Mit gehackten Haselnüssen verzieren. Abkühlen lassen.

Variante   Für Kinder statt der Haselnüsse Schoko- oder bunte Streusel nehmen.

BACKE, BACKE: KUCHEN, BROT UND GEBÄCK

Was ich am liebsten in der Küche mache? Backen! Ich liebe es, immer wieder neue Rezept auszuprobieren, besonders schwedische. Sie erinnern mich an die vielen Sommercafés, die ich in meinen Schwedenurlauben besucht habe. Übrigens nehme ich zum Backen immer Roh-Rohrzucker, der schmeckt leicht karamellig und enthält zumindest einige Nährstoffe. Bei vielen Backrezepten kann man übrigens auch die Zuckermenge je nach Geschmack etwas reduzieren, ohne dass es auffällt! Wenn ich nicht gerade einen Kuchen im Ofen habe, knete ich einen Hefeteig – selbst gebackenes Brot geht nämlich einfacher, als man denkt. Und Hefeteigkneten ist der beste Stressabbau, den ich mir vorstellen kann.

◁▷ Schwedischer Pflaumenkuchen (S. 122)

Versunkener Apfelkuchen

》》 Mein Lieblingsapfelkuchen und seit Jahren das meistgelesene Rezept auf meinem Blog. Am besten mit leicht säuerlichen Äpfeln!

Für 1 Springform oder 1 andere runde Form
⊘ 15 Minuten plus 35 Minuten Backzeit

750 g Äpfel • Zitronensaft • 200 g weiche Butter plus etwas für die Form • 125 g Zucker • 3 Eier (Größe L) • 150 g Mehl • 2 TL Backpulver • 50 g Speisestärke • 1 Pck. Vanillezucker • Puderzucker

◉ Äpfel schälen, Kerngehäuse entfernen und die Äpfel in Spalten schneiden. Mit etwas Zitronensaft beträufeln.

◉ Butter und Zucker zusammen schaumig rühren, Eier nach und nach unterrühren. Mehl mit Backpulver, Speisestärke und Vanillezucker gut vermischen und nur kurz unter den Teig rühren.

◉ Eine runde Form fetten und Teig einfüllen. Apfelspalten auf den Teig geben und leicht eindrücken. Bei 175 °C Ober-/Unterhitze etwa 35 Minuten backen. Mit Puderzucker bestäuben.

Kladdkaka – schwedischer Klebekuchen

》》 Der schwedische Schokoladenkuchen wird ohne Backpulver gebacken und muss innen noch richtig schön matschig sein – »kladdig«. Er braucht gerade einmal 15 Minuten im Ofen!

Für 1 Springform oder 1 andere runde Form
⊘ 10 Minuten plus 15 Minuten Backzeit

150 g Butter plus etwas für die Form • 125 g Zucker • 3 Eier • 40 g ungesüßtes Kakaopulver • 1 Prise Salz • 1 Pck. Vanillezucker • 100 g Mehl • Puderzucker zum Bestäuben

◉ Butter in einem kleinen Topf schmelzen und zusammen mit den anderen Zutaten bis auf den Puderzucker schnell zu einem Teig mixen.

◉ In eine gefettete runde Form geben und bei 180 °C Ober-/Unterhitze 15–20 Minuten backen – je nachdem, wie matschig der Kuchen noch in der Mitte sein soll und wie groß eure Backform ist. Die Schweden mögen ihn gerne sehr klebrig.

◉ Vor dem Servieren mit Puderzucker bestäuben.

Versunkener Apfelkuchen

Sommerlicher Johannisbeerkuchen

» Wenn es einen Kuchen gibt, der nach Sommer schmeckt, dann dieser hier! Außerhalb der Saison könnt ihr natürlich auch TK-Johannisbeeren nehmen.

Für 1 Springform oder 1 andere runde Form
⊘ 15 Minuten plus 25 Minuten Backzeit

300 g Johannisbeeren • 1 Pck. Vanillezucker • 75 g Butter plus etwas für die Form • 175 g Zucker • 125 g Mehl • 3 Eier (Größe L)

● Johannisbeeren waschen und vom Stiel streifen. Mit Vanillezucker bestreuen. Butter in einem kleinen Topf schmelzen. Zucker, Mehl und Eier mischen und verrühren, dann die flüssige Butter nur locker verrühren. Den Teig in eine gefettete runde Form geben, die Beeren darüber verteilen.

● Im unteren Drittel des Ofens bei 200 °C Ober-/Unterhitze 25 Minuten backen.

Variante   Wem die Johannisbeeren zu säuerlich sind, kann sie auch gegen Heidelbeeren austauschen.

Schwedischer Pflaumenkuchen

» Bei diesem schwedischen Rezept sorgen gemahlene Mandeln für einen besonders locker-saftigen Teig. Wie viele schwedische Kuchen kommt der Teig ohne Backpulver aus, der Kuchen bleibt also relativ flach.

Für 1 Springform oder 1 andere runde Form
⊘ 15 Minuten plus 30 Minuten Backzeit

500 g Pflaumen • 175 g Butter • 3 Eier • 125 g Zucker • 75 g gemahlene Mandeln • 75 g Mehl • 1 Pck. Vanillezucker • Zimt und Zucker zum Bestäuben

● Pflaumen waschen, entsteinen und halbieren. Butter schmelzen. Eier mit dem Zucker schaumig rühren. Mandeln, Mehl und Vanillezucker mischen, mit der geschmolzenen Butter zur Eier-Zucker-Mischung geben. Nur kurz verrühren.

● Den Teig in eine gefettete runde Form geben, die Pflaumenhälften darauf verteilen und leicht andrücken.

● Bei 175 °C Ober-/Unterhitze etwa 30 Minuten backen. Vor dem Servieren mit etwas Zimt und Zucker bestreuen.

Rhabarberkuchen mit Vanille und Kardamom

》 Diesen Kuchen habe ich einmal in einem schwedischen Café gegessen. Das Geheimnis ist der Kardamom, der überraschend gut zum Rhabarber passt.

Für 1 Springform oder 1 andere runde Form
⊘ 20 Minuten plus 40 Minuten Backzeit

- 4–5 Rhabarberstangen
- 1 Pck. Vanillezucker
- 1 EL Mehl
- 2 Eier (Größe L)
- 175–200 g Zucker
- 100 g weiche Butter plus etwas für die Form
- 175 g Mehl
- ½ TL Backpulver
- 1 TL gemahlener Kardamom (je nach Geschmack etwas mehr)
- evtl. Puderzucker nach Geschmack

● Rhabarber schälen und in 1 cm große Stücke schneiden. Vanillezucker und Mehl mischen und den Rhabarber darin wälzen, beiseitestellen.

● Eier mit Zucker schaumig rühren, dann die Butter untermixen. Mehl mit Backpulver und Kardamom mischen, dann kurz unter den Teig rühren.

● Eine runde Kuchenform ausfetten und den Teig hineingeben. Rhabarber auf dem Teig verteilen und etwas eindrücken. Bei 180 °C Ober-/Unterhitze etwa 40 Minuten backen. Stäbchenprobe machen!

● Je nach Geschmack mit Puderzucker bestäuben.

Variante   Wer kein Kardamom-Fan ist, kann das Gewürz auch einfach weglassen oder weniger nehmen.

Hefeteigschnecken mit Beerenfüllung

》 Die Füllung dieser saftigen Hefeteigschne-cken kann man ganz einfach variieren.

Lecker schmeckt zum Beispiel auch Nuss-Nougat-Creme.

Für ca. 20 Hefeteigschnecken
⊘ 20 Minuten plus 2 Stunden Gehzeit und 15 Minuten Backzeit

Für den Teig:
- 75 g Butter plus etwas für das Blech
- 200 ml Milch
- 1 Würfel Hefe
- 1 Pck. Vanillezucker
- 50 g Zucker (oder 1–2 EL Agavendicksaft)
- 1 Ei
- 500 g Mehl (evtl. etwas mehr)
- 1 Prise Salz

Für die Beerenfüllung:
- 1 Pck. Vanillepudding
- 500 ml Milch
- 1 EL Zucker
- 1–2 Handvoll Beeren

Außerdem:
- Puderzucker

● Butter würfeln und bei mittlerer Temperatur in einem kleinen Topf in der Milch auflösen. Handwarm abküh-len lassen. In eine Schüssel geben, Hefe hineinbröseln und unter Rühren auflösen. Kurz stehen lassen, dann Vanillezucker und Zucker hinzugeben und 2 Minuten stehen lassen.

● Mehl, Ei und Salz zugeben und mit dem Knethaken rühren, bis sich der Hefeteig vom Schüsselrand löst. Abgedeckt bei Zimmertemperatur 1,5 bis 2 Stunden gehen lassen.

● Vanillepudding nach Packungsan-weisung mit Milch und Zucker kochen, Beeren ggf. waschen und halbieren.

● Teig zu einem ½ Zentimeter dicken Rechteck ausrollen, mit Pudding bestrei-chen und die Beeren darauf verteilen. Den Teig locker von der langen Seite her auf-rollen und in ca. 20 gleichgroße Scheiben schneiden. Auf ein gefettetes Backblech legen und 15 Minuten gehen lassen.

● Bei 180 °C Ober-/Unterhitze 12–15 Mi-nuten backen. Mit Puderzucker bestäuben.

Schwedischer Zitronenkuchen

>> Mit diesem Zitronenkuchen holt ihr euch sofort den Sommer ins Haus!

Für 1 Kastenform
⊘ 15 Minuten plus 30 Minuten Backzeit

4 Eier • 100 g Zucker • 100 ml Rapsöl (oder 100 g weiche Butter) • 1 Pck. Vanillezucker • abgeriebene Schale und 5 EL Saft von 1 Bio-Zitrone • 225 g Mehl • 1 TL Backpulver • 1 Prise Salz • Puderzucker und weiterer Zitronensaft für die Glasur

● Eier mit Zucker und Rapsöl schaumig rühren, Vanillezucker und Zitronensaft unterrühren. Mehl mit Backpulver und Salz mischen, nur kurz unter den Teig rühren. Zitronenschale unterheben.

● Teig in eine Kastenform füllen und bei 180 °C Ober-/Unterhitze etwa 30 Minuten backen. Nach 15 Minuten mit einem Messer der Länge nach etwa 1 Zentimeter tief einschneiden.

● Während der Kuchen auskühlt, eine Glasur aus Puderzucker und Zitronensaft mischen und darüberträufeln.

Waffeln ohne Zucker

>> Dieses Waffelrezept kommt ganz ohne Zucker und Butter aus, ist superschnell gemixt und ich verspreche euch: Niemand wird den Zucker im Teig vermissen. Ich mag die Waffeln am liebsten auf die schwedische Art mit etwas Erdbeerkonfitüre bestrichen, aber natürlich schmecken sie auch einfach mit Puderzucker.

Für 8 Waffeln
⊘ 10 Minuten plus Backzeit

3 Eier • 250 ml Milch (oder Haferdrink) • 1 Prise Salz • 175 g Mehl • 1 TL Backpulver • Konfitüre oder Puderzucker zum Servieren

● Eier trennen und die Eiweiße steif schlagen. Milch, Eigelbe und Salz verrühren. Das Mehl mit Backpulver mischen und langsam hinzugeben. Gut mixen. Dann Eischnee vorsichtig unterheben.

● Die Waffeln im Waffeleisen backen und mit Konfitüre oder Puderzucker servieren.

Variante   Wer mag, verfeinert den Teig mit 1 Prise Zimt oder Kardamom.

Waffeln ohne Zucker

Käsekuchen mit Heidelbeeren

》 Im Sommer könnte ich jeden Tag Heidelbeeren essen – als Dessert, mit Joghurt oder aber im Kuchen! Dieser Käsekuchen gelingt leicht und schmeckt auch noch am nächsten Tag frisch und saftig.

Für 1 Springform oder 1 andere runde Form
⏱ 15 Minuten plus 40 Minuten Backzeit

Für den Teig:
- 100 g Butter plus etwas für die Form
- 50 g Zucker
- 1 Ei (Größe L)

- 250 g Mehl
- 1 TL Backpulver

Für die Füllung:
- 300 g Heidelbeeren
- 400 g Quark

- 2 Eier (Größe L)
- 150 g Zucker
- 1 Pck. Vanillezucker

● Für den Teig die Butter in einem kleinen Topf schmelzen. Zucker und Ei zusammen schaumig rühren und die flüssige Butter untermixen. Mehl mit Backpulver mischen und unter den Teig rühren. Den Teig in eine gefettete runde Backform geben und an den Seitenwänden hochdrücken.

● Heidelbeeren waschen und trocken tupfen. Die Hälfte der Beeren auf dem Teig verteilen.

● Quark, Eier, Zucker und Vanillezucker mixen und auf Teig und Beeren verteilen. Die zweite Hälfte der Heidelbeeren darübergeben und etwas eindrücken.

● Den Kuchen 40 Minuten bei 200 °C Ober-/Unterhitze backen. Sollte er zu sehr bräunen, nach 30 Minuten in die untere Schiene schieben.

● Vor dem Servieren abkühlen lassen, da er sich sonst sehr schwer anschneiden lässt und zerfällt.

Landbrot

» Es geht nichts über frisch gebackenes Brot! Und das geht viel leichter, als ihr denkt. Die wichtigste Regel bei Hefeteig: Das Wasser sollte nicht wärmer als 37 °C sein, also handwarm, da sonst die Hefekulturen kaputtgehen und der Teig nicht aufgeht. Und noch ein Tipp: Ob ein Brot oder Brötchen fertig gebacken ist, erkennt ihr, indem ihr auf die Unterseite klopft. Hört es sich hohl an, ist es fertig. Dieses Landbrot bleibt mehrere Tage frisch. Direkt aus dem Ofen schmeckt es auch einfach nur lauwarm mit etwas Butter am besten.

Für 1 Laib
⊘ 15 Minuten plus 1,5 Stunden Gehzeit und 45 Minuten Backzeit

- ½ Würfel Hefe
- 2 gestrichene TL Salz
- 1 EL flüssiger Honig
- 175 g Vollkorn-Weizenmehl (oder Vollkorn-Dinkelmehl)
- 450 g Weizenmehl (Type 405)

● Hefe in 500 ml lauwarmes Wasser bröseln und mit Salz und Honig verrühren. Nach und nach Vollkornmehl, dann 400 g Mehl Type 405 dazugeben und mit einem Holzlöffel verrühren, bis sich der Teig vom Schüsselrand löst. Bedeckt 1 Stunde an einem warmen Ort gehen lassen.

● Den Teig noch einmal kräftig durchkneten und nach und nach das restliche Weizenmehl unterkneten, bis der Teig fluffig ist und nicht mehr an den Händen klebt. Aus dem Teig einen großen Brotlaib formen, mehrere Male schräg einschneiden. 20 Minuten auf einem mit Backpapier belegten Blech zugedeckt gehen lassen.

● Bei 250 °C Ober-/Unterhitze 15 Minuten backen. Dann die Temperatur auf 200 °C reduzieren und das Brot weitere 30–35 Minuten backen.

Variante   Die Mehlsorte könnt ihr variieren, es eignen sich z. B. Dinkelmehl, Vollkorn-Dinkelmehl oder weniger stark ausgemahlenes Weizenmehl.

Focaccia mit Wunschbelag

>> Mein Lieblingsbrot! Dieses Brot ist ruck, zuck fertig und lässt sich ganz leicht variieren: mit getrockneten Tomaten, Oliven, Kräutern, Chilis oder einfach pur. Bei uns hat jeder eine eigene Brotecke mit Wunschbelag.

Für 1 Focaccia (etwa 20 × 30 cm)
⊘ 15 Minuten plus 45 Minuten Gehzeit plus 15 Minuten Backzeit

- ½ Würfel Hefe
- 250 g Weizenmehl
- ½ TL Salz
- 3 EL Olivenöl plus etwas zum Beträufeln
- Zusätze nach Geschmack (z. B. gehackte mediterrane frische Kräuter wie Rosmarin oder Thymian, schwarze Oliven, getrocknete Tomaten, in Streifen geschnittene Chili)
- grobes Meersalz (oder Salzflocken) zum Bestreuen

● Hefe in 150 ml handwarmem Wasser auflösen. Mehl, Salz und Olivenöl mit dem Knethaken des Mixers kneten, bis sich der Teig vom Schüsselrand löst. Den Teig 30 Minuten an einem warmen Ort gehen lassen.

● Den Teig noch einmal durchkneten auf einem mit Backpapier ausgelegten Backblech auf 20 × 30 cm ausrollen, er sollte ungefähr 1 cm dick sein. Mit dem Zeigefinger in regelmäßigen Abständen kleine Löcher eindrücken, aber nicht durchdrücken. Zugedeckt noch einmal 15 Minuten gehen lassen.

● Mit etwas Olivenöl beträufeln und nach Belieben Kräuter, Oliven, getrocknete Tomaten oder Chili darauf verteilen, leicht eindrücken. Mit Meersalz bestreuen.

● Bei 175 °C Ober-/Unterhitze etwa 15 Minuten backen. Dabei eine kleine feuerfeste Schüssel mit Wasser in den Ofen stellen, damit das Brot knuspriger wird.

Das passt dazu   Salat oder ein Dip. Das Focaccia eignet sich auch sehr gut als Grillbeilage.

Müsliriegel mit knackigen Kernen

Müsliriegel mit knackigen Kernen

》 Müsliriegel aus dem Supermarkt sind oft viel zu stark gesüßt. Bei diesen hier kann man die Süße selbst bestimmen. In einer luftdichten Dose halten sie einige Tage.

Für 1 Backblech
⊘ 15 Minuten plus 10 Minuten Auskühlzeit

150 g Nüsse, Mandeln oder Kerne (z. B. Walnüsse, Erdnüsse, Haselnüsse, Mandeln, Pistazien, Sonnenblumenkerne) • 50 g Butter • 100 g flüssiger Honig • 150 g kernige Haferflocken • 50 g blütenzarte Haferflocken • 50 g Kokosraspel

● Nüsse oder Mandeln hacken. Butter und Honig in einem Topf erhitzen und unter ständigem Rühren karamellisieren lassen, damit nichts anbrennt.

● Haferflocken, Kokosraspel und Nüsse unterheben. Die Masse auf ein mit Backpapier ausgelegtes Backblech streichen, 10 Minuten auskühlen und fest werden lassen. Dann in Streifen schneiden.

Variante Statt der Haferflocken Haferkleie verwenden.

Dinkelbrötchen über Nacht

》 Frische Brötchen fürs Wochenendfrühstück sind das Größte – und bei diesen hier geht der Teig über Nacht, sodass die Brötchen in 20 Minuten fertig sind. In der Zwischenzeit ist der Frühstückstisch gedeckt!

Für 15 kleine Brötchen
⊘ 15 Minuten plus mind. 6 Stunden Gehzeit und 20 Minuten Backzeit

7 g frische Hefe • 2 TL Salz • 1 TL flüssiger Honig • 250 g Weizenmehl • 400 g Dinkelmehl (oder 400 g Weizenmehl)

● Hefe in 600 ml kaltem Wasser auflösen. Salz und Honig unterrühren. Nach und nach Weizen- und Dinkelmehl unterheben und mit einem Holzlöffel rühren. Der Teig ist nun sehr klebrig. Mit Frischhaltefolie bedecken und über Nacht im Kühlschrank gehen lassen.

● Am nächsten Morgen den Ofen auf 225 °C Ober-/Unterhitze vorheizen. Den klebrigen Teig mithilfe von Esslöffeln als »Brötchenhaufen« auf einem mit Backpapier ausgelegten Backblech verteilen. 20 Minuten goldbraun backen.

Hefezopf mit Kardamom

》 Am liebsten mag ich Hefezopf frisch aus dem Ofen, nur dick mit Butter bestrichen. Der Kardamom gibt diesem Hefezopf den letzten Pfiff, aber natürlich kann man das Gewürz auch einfach weglassen, wenn man den Geschmack nicht so mag.

Für 1 großen Hefezopf
⊘ 20 Minuten plus 1 Stunde Gehzeit und 45 Minuten Backzeit

- 225 ml Milch
- 50 g Zucker
- 60 g Butter
- ½ Würfel Hefe
- 400–500 g Weizenmehl
- ½ TL Salz
- ca. 1 TL gemahlener Kardamom
- 2 Eier

● Die Milch langsam erwärmen, den Zucker einrühren und die Butter in der Milch schmelzen lassen. Abkühlen lassen. Dann die Hefe hineinbröseln und auflösen. Einige Minuten stehen lassen, bis sich Bläschen bilden.

● Etwa 200 g des Mehls mit Salz und Kardamom vermischen und unter die Hefemilch rühren. 1 Ei hineinschlagen und so lange verrühren, bis der Teig glatt ist. Nach und nach den Rest des Mehls unterrühren, bis sich der Teig vom Schüsselrand löst. Der Teig sollte fluffig sein und nicht mehr an den Fingern kleben. Abgedeckt etwa 30 Minuten gehen lassen.

● Dann den Teig noch einmal durchkneten und in drei Teile teilen. Die Teile zu 3 langen Rollen formen und auf einem mit Backpapier ausgelegtem Backblech zu einem Hefezopf flechten. Noch einmal abgedeckt 30–45 Minuten gehen lassen.

● Das zweite Ei verquirlen und den Hefezopf damit bestreichen. Bei 180 °C Ober-/ Unterhitze 20–30 Minuten backen, bis der Zopf goldbraun ist.

Variante   Wer möchte, kann noch einige gehobelte Mandeln oder Hagelzucker darüberstreuen.

Liebe Leserin, lieber Leser,

hat Ihnen dieses Buch weitergeholfen? Für Anre-
gungen, Kritik, aber auch für Lob sind wir offen.
So können wir in Zukunft noch besser auf Ihre
Wünsche eingehen. Schreiben Sie uns, denn
Ihre Meinung zählt!

Ihr TRIAS Verlag

E-Mail-Leserservice
kundenservice.trias-verlag.de

Lektorat TRIAS Verlag
Postfach 30 05 04
70445 Stuttgart

Abonnieren Sie unsere Newsletter:
www.trias-verlag.de/newsletter

 Besuchen Sie uns auf facebook
**www.facebook.com/
trias.tut.mir.gut**

 Besuchen Sie uns auf facebook
**www.facebook.com/
mama.mag.trias**

 Folgen Sie uns auf Instagram
**www.instagram.com/
trias_verlag**

 Lassen Sie sich inspirieren
**www.pinterest.com/
triasverlag**